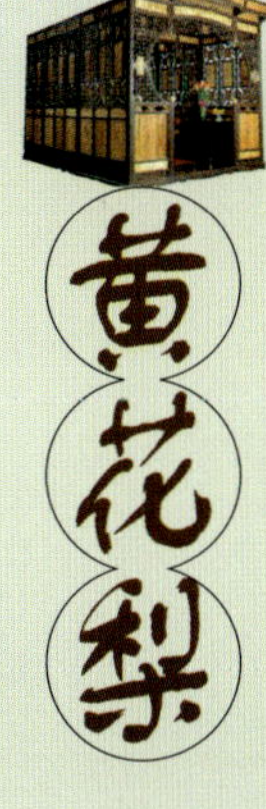

黄花梨收藏赏玩指南

夏弦月 / 编著

新世界出版社
NEW WORLD PRESS

图书在版编目（CIP）数据

黄花梨 / 夏弦月编著 . -- 北京：新世界出版社，2017.11

（收藏赏玩指南）

ISBN 978-7-5104-6412-6

Ⅰ . ①黄… Ⅱ . ①夏… Ⅲ . ①降香黄檀—收藏②降香黄檀—鉴赏 Ⅳ . ① G262.5 ② S792.28

中国版本图书馆 CIP 数据核字 (2017) 第 230279 号

黄花梨

作　　者：夏弦月
责任编辑：张杰楠
责任校对：姜菡筱　宣　慧
责任印制：王宝根　王丙杰
出版发行：新世界出版社
社　　址：北京西城区百万庄大街 24 号（100037）
发 行 部：（010）6899 5968　（010）6899 8705（传真）
总 编 室：（010）6899 5424　（010）6832 6679（传真）
http://www.nwp.cn
http://www.nwp.com.cn
版 权 部：+8610 6899 6306
版权部电子信箱：nwpcd@sina.com
印　　刷：北京市松源印刷有限公司
经　　销：新华书店
开　　本：710 × 1000　1/16
字　　数：200 千字
印　　张：12
版　　次：2017 年 11 月第 1 版 2021 年 1 月第 2 次印刷
书　　号：ISBN 978-7-5104-6412-6
定　　价：68.00 元

前言

黄花梨这个名字出现较晚，起初叫“花梨”或“花榈”。后来冠以“黄”字，主要是为了区别现在用来制造家具的所谓“新花梨”。黄花梨有海南黄花梨与越南黄花梨之分，海南黄花梨算得上红木中的极品，又是我国特有的珍稀树种，因此本书主要介绍海南黄花梨。从古至今，海南黄花梨一直深受世人青睐，其材质坚硬致密，千年不腐，颜色不静不喧，纹理若隐若现，再加上大自然的神奇之手创造的“鬼脸”，使得海南黄花梨木价格高昂，被誉为“中国最贵的树木”。它与紫檀木、鸡翅木、铁力木并称中国古代四大名木。

海南黄花梨的学名为降香黄檀，是非常珍稀名贵的硬木，明清时期是上流社会制作家具的首选材料。海南黄花梨制作的家具卓尔不群，无论从颜色、花纹、造型、装饰等哪个角度来欣赏，都是世界家具艺术中的珍品。海南黄花梨的心材还是一味中药，名降香，气芳香，味稍苦，烧之香气浓烈并有油流出。加水研磨，药液可治多种疼痛；也可磨粉外敷，止痛止血，是极好的镇痛剂；又可制作定香剂，是著名香料。

海南黄花梨极难成材，野生黄花梨要生长上百年才能成材，而用来制作家具的大料所需时间更长，因此，海南黄花梨极其珍贵，被誉为植物界的大熊猫。明朝时，海南黄花梨开始为世人所知，当时，大量的海南黄花梨原木被运往京城供皇家使用。到了清朝，海南黄花梨越来越少。时至今日，海南黄花梨已被开采殆尽，连旧料也难得一见。

物以稀为贵，海南黄花梨的价格不断攀升，价比黄金。在利益的驱使下，一些商家用其他木材来冒充海南黄花梨，致使其收藏市场鱼龙混杂。广大黄花梨爱好者若想更好地进行收藏投资，就应多了解黄花梨的相关知识。

本书立足于实际，为读者详细介绍了黄花梨的特征、历史、分类、价值、鉴别和保养等方面的知识，内容翔实、通俗易懂、图文并茂，希望给广大爱好收藏的朋友提供一定帮助。

目录
CONTENTS

第一章

木中翘楚——黄花梨的基本概况

简介

海南黄花梨，学名降香黄檀，是碟形花科黄檀属香枝木类树种，是红木国家标准中的 5 属 8 类 33 种红木之一，极其珍贵，是目前价格最贵的红木。

海南黄花梨木的心材，被称为“格”，是精华部分；而树的白皮即边材，被称为“漫”或“标”，可为心材提供养分。黄花梨虽然易成活，但非常难成材。有人说，黄花梨生长 30 年仅能做成一颗珠子，由此可见其成材是多么不易。黄花梨成材的过程，就是边材滋养心材、心材侵蚀边材的过程。

黄花梨贵妃椅

海南黄花梨大约需要生长 15 年才开始结心材，20 年树龄的黄花梨树径有 17~20 厘米，心材直径却只有 2~5 厘米。野生黄花梨需要经历上百年才能够成材。而那些用来制作家具的黄花梨大料，则需要更长时间，至少需要 300 年。

黄花梨面条柜

黄花梨罗锅枨绿纹石面香案

黄花梨木雕八仙人物摆件

如今，海南黄花梨已被国家林业局列为一级珍稀濒危植物。虽然广东也产海南黄花梨，但其质量远远不及海南生长的。海南岛日照充足，雨量丰沛，因此海南黄花梨的生长密度更大、油性更好、花纹更美。另外，海南黄花梨柔韧度高，抗压，耐腐蚀。众所周知，海南产的黄花梨最优，其价格自然昂贵，并不断攀升。

名称由来

在我国历史上，人们对黄花梨有过很多称呼。现在，从保存下来的部分古代文献当中还能够看到黄花梨的诸多名字，如花榈、榈木、花梨木、花梨、老花梨、新花梨、黄花梨、海南檀、降香黄檀等。

"榈木"这一名称，出现在唐朝陈藏器所著的《本草拾遗》。明朝李时珍的《本草纲目》、清朝屈大均的《广东新语》则把今天所说的黄花梨称为"花榈"。在李宗山先生所著的《中国家具史图说》当中，则这样说道："花梨木亦称花榈木。"

黄花梨树瘤笔筒

黄花梨摆件高山流水

黄花梨官皮箱

海南黄花梨木雕灵芝

从清朝末年到20世纪90年代初，黄花梨有了老花梨和新花梨之说。1944年出版的《中国花梨家具图考》认为，中国家具当中所使用的高级花梨木可分为：黄花梨——包括明代和清初家具的黄花梨；老花梨——在较晚时期，特别是19世纪初期的简朴家具中常用的褐黄色老花梨；新花梨——实际上是属于红木群的新花梨。

然而，“黄花梨”一词究竟始于何时，历史文献当中没有明确记载。20世纪初，著名学者梁思成在考察古代建筑和研究明清家具时，发现明代所称“花梨”和近现代所称“新花梨”并不是一种木材。因此，为了区别这两种十分相似而价值、质地不同的木材，人们便在明朝所用的“花梨”前加上一个“黄”字。以后，便有了“黄花梨”之名，并沿用至今。

黄花梨水洗连黄杨木座

红木镶石片黄花梨方笔筒

1980 年，成俊卿撰写了《中国热带及亚热带木材》一书。在书中，他认为古时被称为“花梨”的植物，学名应为“降香黄檀”。降香黄檀“为国产黄檀属中已知唯一心材明显的树种……心材呈红褐色至深红褐色或紫红褐色，深浅不均匀，常杂有黑褐色条纹……边材灰黄褐色或浅黄褐色，心边材区别明显”。

国家制定的红木标准也将海南产的“花梨”命名为“降香黄檀”。

黄花梨书箱

黄花梨四出头椅、几

黄花梨根雕鳄鱼戏水

黄花梨素笔筒

历史溯源

海南黄花梨在唐朝成为贡品，身价开始上涨。到了明朝，海南黄花梨名扬四海，其制作的家具十分昂贵。皇室人员和达官显贵钟爱黄花梨，竞相使用黄花梨制品，因此，大量的海南黄花梨原木被运往京城。王世襄先生通过考据和实地考察编写了《明式家具研究》一书，他认为中国好的明式家具基本都由海南黄花梨木制作。明末清初，两朝更迭之间，皇家享用的大量名贵硬木家具流入民间。在华活动的西方传教士被华美珍贵的海南黄花梨家具吸引，于是大量采购并运到欧洲，这是中国古典家具第一次大规模进入欧洲市场。

黄花梨福寿椅（一套）

清代后期，这种极难成材的黄花梨越来越少，而此时人们对木材颜色的审美发生了变化，尤其是皇家更钟情于深颜色的紫檀、老红木，对黄花梨的需求量减小，这种变化给了黄花梨喘息的机会。

民国期间，社会动荡不安，很多人为了养家糊口，常以低价把黄花梨家具卖给外国商人。

黄花梨双月洞式架子床

黄花梨手串

黄花梨嵌乌木及黄杨木梳背玫瑰椅

有一段时期，人们不懂得尊重自然规律，受利益驱动大量砍伐海南黄花梨。海南黄花梨越来越少，变得十分珍贵。

近些年来，逐渐流行用古典家具装饰居室，仿古家具商也如雨后春笋般冒了出来，他们去海南采购海南黄花梨，导致原料日益紧张，价格不断上升。家具商们连旧的门窗料、农具料都不放过，但收购到的基本是像山药一样粗的弯曲小料，由此可见海南黄花梨已被采伐殆尽，实在是弥足珍贵。

中国古典家具专家张德祥说，中国古人在运用材料时物尽其用，任何木材都有用武之地。比如紫檀宁静、沉重，用在礼仪性的陈设上最恰当，也常被镶嵌在别的家具上，很适合制作皇家器物；鸡翅木色泽沉稳雅致，木材颜色与书房相得

明晚期　黄花梨素联三闷户橱

黄花梨茶叶罐

益彰，适合做文房家具；楠木能防虫，带有清香，适合做书格，所以说每一种木材都有用途。

张德祥还认为，中国古典家具之所以风靡，并不单纯是因为名贵木材，不管是哪种木材只要使用得当，都能制作出优雅美观的古典家具。对于古典家具来说，艺术性相当重要，如果工艺粗糙，即使使用再名贵的材料，也不具有观赏价值，更缺少收藏价值。他相信即使黄花梨彻底枯竭，中国古典家具也不会走向衰落，一定会出现合适的替代木材。

黄花梨架子床

生态特征

海南黄花梨一般高10~20米，最高可达25米，胸径可达0.8米，是海南及附近地区特有的珍贵树种。海南黄花梨为亚热带半常绿乔木，树冠伞形，分枝较低。树叶为卵形或椭圆形，长15~26厘米，常有小叶9~11片。圆锥花序腋生，长4~10厘米。花为淡黄色或乳白色。海南黄花梨每年换一次叶，12月份开始落叶，第二年3月下旬至4月雨季到来时，花叶一同生长。10~12月份果实成熟，荚果为扁平椭圆形，里面的种子为肾形。

野生海南黄花梨主要分布在海南岛吊罗山尖峰岭低海拔的平原和丘陵地区，吊罗山海拔100米左右且能充分接受到光照的地方最适宜其生长，海南昌化江以及南渡江一带也分布着一小部分。现广东、广西和福建南部也在引种栽培海南黄花梨。

黄花梨亮格书橱

木材特征

黄花梨木的心材初切开为红褐色或紫红褐色，有犀角的质感，时间久了就会变为暗红色。初切开木料的气味辛辣浓郁，时间久了就变成淡淡的幽香。生长年轮明显，纹理清晰可辨，自然交错，如行云流水，观赏价值高，且光泽柔和，气味清香。黄花梨木最特别的地方是有千奇百怪的“鬼脸”。那么这种现象是如何形成的呢？黄花梨木经常长有很平滑、不开裂的木疖，这些木疖会呈现出狐狸头、老人头及老人头毛发等纹理，形成“鬼脸”。用黄花梨木制作出来的家具气质高雅，简洁明快，色泽柔和，香味清幽，华丽尊贵，又经久耐用，不易腐烂，因此深受人们喜爱。

弦纹黄花梨笔筒

黄花梨笔筒

海南黄花梨曲尺罗汉床

黄花梨果盒

海南黄花梨极具收藏价值，千金难求。它之所以这么贵，一方面是因为极难成材，生长周期非常漫长；另一方面是因为海南黄花梨的木材有油润通透、光洁如玉的质感，流畅细腻、清晰多变的花纹和无可比拟的强荧光。

药用价值

黄花梨笔洗

海南黄花梨是极其珍贵的木种之一，除了前面所说的用途，海南黄花梨还具有很高的药用价值。海南黄花梨的心材就是中药降香，大块的多被制成家具，小块的多用在医药方面。最早关于海南黄花梨的医学记载见于唐朝的《证类本草》。《本草纲目》中记载了海南黄花梨气味清香，味辛、温，无毒。

黄花梨木舂

海南黄花梨的心材具有舒筋活血、降血压、降血脂的功效，对身体健康有益。另外，对于胸闷、呕吐、肠胃不适等症状，也有一定的疗效。外用方面，它能有效缓解跌打损伤、风湿腰腿痛。除了内服外用之外，还可将其做成枕芯，改善睡眠，增进健康。要想发挥海南黄花梨心材的药用价值，需要将其加工成木屑或木粉，然后加入到其他药材中。

黄花梨手串上的鬼脸纹

海南黄花梨药物配方及功效

配蒲公英，清热解毒、消痈散结；

配当归，活血行气、止血、补血；

配三七，散瘀止血、消肿止痛；

配威灵仙，祛风通络；

配丹参，活血化瘀、凉血消肿；

配郁金，行血中气，理气止湿；

配乳香，活血化瘀、止痛、消肿。

黄花梨镇尺

黄花梨米柜

泡水

将海南黄花梨的碎块用热水冲一遍后可用来泡水，且可重复使用。用海南黄花梨泡药，可以治疗多种疾病，当然其煎泡方法也有所不同。

其一，用棉纱布包上海南黄花梨木屑泡开水，然后滤掉杂质，每日用小碗服1~2次，有降血压之功效。

其二，取海南黄花梨木屑煮水，用其水擦拭身体可治疗皮肤瘙痒。若是小孩有此症状，还可以让小孩在煮好的温水中泡澡，效果更好。

其三，每日煎服3~9克可治疗吐血、咯血、跌打损伤、高血压。

黄花梨木雕摆件

黄花梨木雕随形笔筒

基于海南黄花梨的诸多药用价值，可以用海南黄花梨木屑做枕头。备 1~1.5 千克海南黄花梨的木屑，为防止里面有一些细小的颗粒物引起不适，可以在内层多加一层衬布，这样也不会影响其药效。然后将木屑装入枕套，一个海南黄花梨木枕就做好了。这种枕头带有淡淡的香气，能舒筋活血、降低血压、促进睡眠，是孝敬长辈的佳礼，能体现送礼者的心意。在购买木屑的时候，要注意一个问题：为了获得更高的利润，部分商家会在海南黄花梨木屑中掺入比其便宜许多的越南黄花梨木屑。

越南黄花梨睡枕

海南黄花梨佛珠手串

手串

海南黄花梨能活血化瘀、止血止痛，常用来辅助治疗冠心病或跌打损伤。因此，海南黄花梨手串特别适合冠心病患者佩戴，有利于养生。当然，身体健康的人也可以佩戴海南黄花梨饰品。

海南黄花梨手串

黄花梨手串的珠径尺寸

手串珠径尺寸有大有小。一般珠径大于 22 毫米的手串，仅适合把玩，不适合佩戴，因为珠子太大，佩戴在手腕上会很不方便。珠径 10~22 毫米的偏大手串，更适合男士佩戴。珠径 10 毫米以下的 108 颗的小念珠手串，可在手腕上多缠绕几圈，或当成项链佩戴。若喜欢鬼眼、鬼脸、虎皮纹，推荐选珠径 15 毫米以上的手串，因为只有稍大尺寸的珠子上才能显现这些特点，珠径 8 毫米以下的小念珠的珠子上绝不可能颗颗有鬼脸、鬼眼。

海南黄花梨佛珠手串

第二章

分门别类——黄花梨的常见分类

依据存放时间划分

按照黄花梨木被砍下来存放时间的长短，我们可将其分为老料、干料和新料。顾名思义，老料就是放置时间比较久的木材，其表皮（白皮）已被腐蚀氧化；新料当然就是刚刚砍下来的材料；还有一种材料介于二者之间，已存放几年，但达不到老料的氧化程度，称之为干料。区分这三种木材，主要是看其含水量。老料因存放时间久，基本干透；新料含水量很大；干料的水分很少，但还没有干透。

清　黄花梨木雕泛舟图笔筒

新料因为含水量多，很容易开裂，干料、老料木性较稳定，不易有裂纹。其次是看质感和光泽、花纹。新料花纹显得很新鲜，而老料花纹显得沉稳典雅，质感和光泽也为新料所不及，干料介于二者之间。

明末清初　黄花梨南官帽椅

依据心材特征划分

海南黎族人称心材为“格”，按黄花梨心材大小和颜色差别将其分为油格、糠格。油格的心材部分较大，呈深褐色；糠格的心材部分较小，呈红褐色或紫褐色。

黄花梨木雕龙腾海啸笔筒

黄花梨手串

明式黄花梨交椅

依据心材颜色划分

海南黄花梨的心材颜色丰富、深浅不一，据此可将其分为浅黄、橘黄、金黄、红褐、赤紫、深褐等很多种。其颜色不同，木材的相对密度、油性、气味也各不相同。心材颜色越深，相对密度、油性越大，降香气味更浓；反之，心材颜色浅，则相对密度、油性小，降香气味也偏浅。

依据油性划分

海南黄花梨依据油性区别，分为黄黎、黄油黎、油黎三类。

黄黎其实就是人们常说的糠梨，之所以称其为黄黎主要是为了和许多颜色较深的老海南黄花梨中的糠梨区分开来。那么，何为糠梨？老油黎存放时间过久，经过氧

黄花梨雕花随形笔筒

黄花梨手串

化，木头就丧失了油性和水分。尽管根据纹理还能依稀辨认出是油黎，但是实际上木材已非常粗糙甚至糟烂。这样的海南黄花梨就被称为糠梨。而大部分黄黎颜色较浅，含油量很大，我们若是叫它们糠梨不太合适，这里就称之为黄黎。黄黎的主要特征是：纹理清晰流畅，颜色浅淡，多见大气、鲜明的环形纹理。

黄花梨虎皮纹笔筒

黄油黎是近几百年才出现的名称。黄油黎像黄黎一样，纹理流畅、美丽，不同的是其整体色泽是黄色偏棕，甚至有深棕色。黄油黎与黄黎的最大区别是，黄油黎的“鬼脸”非常多，纹理更加妖娆、深邃，且变化多端，没有规律可循，曾出现过很多极品虎皮纹，其含油量也比黄黎要大。

很多爱好者认为油黎是海南黄花梨中的极品，甚至用称重法来判别油黎的价值、新老、细密程度与含油量。这种方法不太科学。事实上，影响木材重量的不仅有密度，还有含水量。同一种木材的新料并不比老料轻，因为新料含水量大。尤其是老海南黄花梨，

海南黄花梨大果盘

黄花梨木雕弥勒佛

黄花梨画柜

所含水分很少，油也差不多散尽，重量比人工种植的海南黄花梨新材还要轻。所以，油黎好坏与否，可以参考重量，但绝不能只看这一个方面。

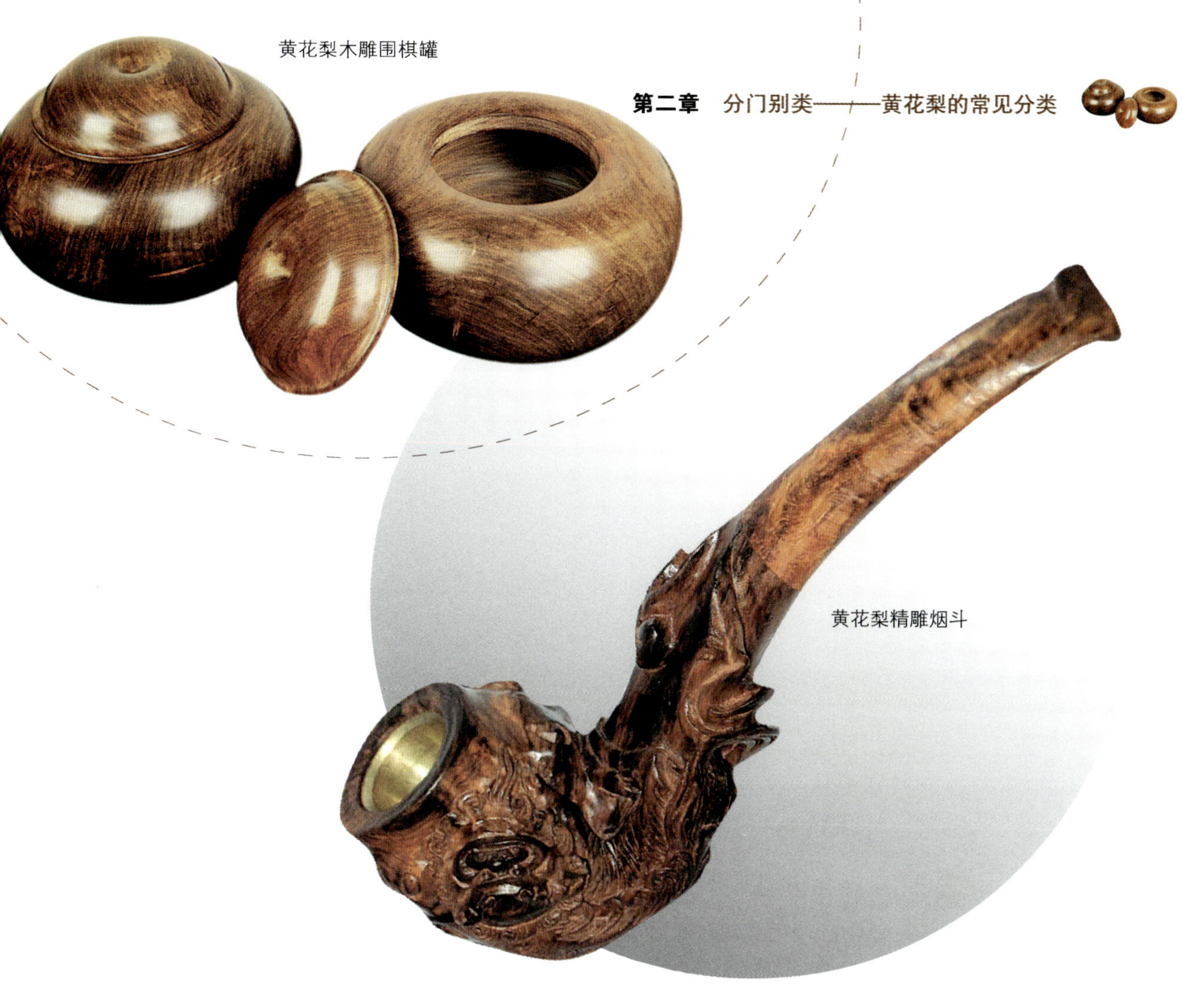
黄花梨木雕围棋罐

黄花梨精雕烟斗

依据地理区域划分

海南省不同区域的黄花梨存在差异。东部黄花梨颜色较浅，分量稍轻，油性较差，明清时期遭遇了浩劫，现在已经很少。西部黄花梨油性较强，油质感比较持久，比东部黄花梨更值钱。

海南省不同地区生长的黄花梨，生产周期也有不同：生长在昌化江流域的海南黄花梨 60 年树龄的心材仅约 18 厘米；生长在南渡江流域的海南黄花梨 17 年树龄开始结心材，60 年树龄的心材约为 30 厘米。

依据家具的材质外观划分

根据家具的材质外观我们可将黄花梨大体上分为两类，浅色黄花梨和深色黄花梨。前者更富有光泽，重量偏轻，纹理流畅；后者光泽偏弱，油性较大，而且纹理没有浅色黄花梨清晰。北方多见浅色黄花梨家具，而南方常见深色黄花梨家具。

黄花梨木雕弥勒佛

黄花梨插屏

第三章

不朽神话——黄花梨家具

海南黄花梨生长周期长，不易成材，非常珍稀。成材密度大、含油量高、韧性好、花纹美丽、色泽柔和、气味清香、易配颜色，是制作家具的顶级木料，特别适合用于镶嵌和制作卯榫，因此明清时期成为皇家用材。

黄花梨家具

黄花梨透雕如意纹开光圈椅

明清两朝遗存下来很多黄花梨木家具，但二者样式风格迥异。明代家具纤巧流畅、典雅简洁，更注重实用性；清代家具用料粗大、形式多变、设计复杂、装饰华美，更注重观赏性。

三大流派

中国古典家具历史悠久、源远流长。经过不断的发展完善，古典家具日渐完美，在明清两代进入黄金时期，给后世留下了一笔宝贵财富。

明清家具全盛时期，制作行业非常火热，作坊数量不断增加，其制作的家具主要供老百姓使用，用料一般，造型随意，艺术价值不高。

黄花梨木雕夔龙纹四出头官帽椅

当然，为了满足皇家贵族、大户人家的需求，高端家具在各地也大量出现，它们用料讲究、风格独特、造型优美、工艺精湛、自成一体，形成苏、广、京、晋、宁、鲁、扬、闽等家具流派。其中，江南地区的苏式家具（苏作）、岭南地区的广式家具（广作）和皇室宫廷的京式家具（京作）三大流派广为人知，最具代表性。

苏作、广作、京作三大流派形成于不同时期，深受地域文化影响，艺术特色鲜明。

清　黄花梨双门式书箱

黄花梨炕桌

苏作

苏式家具，又称苏作，是指以苏州为中心的长江下游地区生产的家具。苏式家具起源于明代中期，它塑造了明代家具的风格。苏式家具主要以黄花梨、紫檀木、铁力木、鸡翅木等优质硬木为材料，但当地并不出产此类木材，大多需要通过海上贸易获得，所以苏式家具匠人惜料如金，挖空心思地节省木材。

对于大型家具，工匠通常采用包镶做法，就是以杂木为内部框架，外面包镶硬木薄板。这种做法非常耗时，特别考验工匠的手艺。为了掩盖拼接，对家具棱角、部件截面、局部图案等都要打磨处理，达到“明圆清方”。另外，从大件上割下来的废料，也不能浪费，要做成筷子、人物雕像、笔筒、什锦盒等小件物品，材尽其用，这种精打细算的功夫是其他流派比不上的。

苏式黄花梨木大方杌

明　黄花梨灵芝纹翘头案

江南的环境多为白墙青瓦、小桥流水，其韵味恬静内秀，受此影响，当地文化、艺术无不带有清雅、委婉的风骨，这也反映到苏式家具的制作风格上：轻巧别致、简约清秀，不刻意雕琢。比如，同是太师椅，广式家具体大、雄伟，京式家具凝重、沉穆，而苏式家具则偏于轻简、素雅。苏式家具的修饰手法多是浮雕、线刻、嵌木、嵌石等，有据可考的历代名人字画和植物、花鸟、山水、风景以及各种神话传说为其主要装饰题材，另外传统的吉祥纹饰如海水云龙、二龙戏珠、龙凤呈祥等也较为常见。局部装饰花纹常用缠枝莲和缠枝牡丹，还常用玉石、象牙等名贵材料进行镶嵌。苏式家具经过数代人的改进和完善，不但符合人体美学，还在文化审美上脱俗、典雅。

黄花梨嵌绿端石炕桌

苏式家具多应文人雅士之需而制作，体现了其文化修养和审美观念，蕴含儒家中庸之道、禅宗见性明心和道家道法自然等思想。当时，有很多文人都参与了家具的设计和制作，他们的思想和观点潜移默化地融入到了家具中。

明末　黄花梨夹头榫小画案

苏式书架格

从明代后期一直到清朝，中央政府多次颁布禁海令，苏式家具的硬木资源主要仰仗海上贸易，颇受影响。清朝建立以后，社会风气巨变，优雅、素淡、重内涵的明式家具不再受欢迎，为了迎合上层社会的骄奢心理，家具的造型和装饰迅速向富丽繁缛的风格转变。苏式家具逐渐转向普通家具市场，同时吸收广式家具风格，被迫“转型”。

家具的人文美

手工制作的古典家具，极富人文美。实践证明，要想制出传世家具精品，必须有严格的监督机制。很多明式家具都是由当时的文人参与监制的。清代宫廷档案也可以证明，故宫的家具是由选自各地的名匠，在多位中外艺术家直接指导、监督下制成的。一件集材质美、造型雅、结构考究、工艺精湛于一体的家具，有丰富的人文内涵和隽永的鉴赏生命力，可以让后人得到艺术熏陶和美的享受。

苏式黄花梨木大方杌

黄花梨插屏

广作

广式家具是指以广州为中心的广东地区生产的家具。清代中期，广式家具发展起来，受到欢迎，成为清式家具的典型款式之一。广式家具的主要特点是用料厚重、装饰华丽、雕刻繁缛，在用材上一点儿也不吝啬，很少掺用杂料，家具木性、木色一致。广式家具还有一个特点是很少使用漆料，这样可以凸显天然木色纹理，优雅大气。

康熙、雍正、乾隆三代，国力强盛，经济、文化、外贸迅速发展，东西方文化得以交流、碰撞，许多西方传教士来到中国，传播先进的科学技术和西方的美学观念，促进了中国经济和文化艺术的繁荣。广式家具诞生在这一时期，受西方文化影响，在中国传统家具的基础上吸收了欧洲文艺复兴以后西方的各种家具形式和工艺技法，造型多变、纤巧烦琐、华丽雕琢，有的家具雕饰面积竟高达 90%。广式家具将镶嵌技艺发挥到了极致，敢于尝试各种镶嵌材料，比如大理石、玉石、宝石、珐琅、陶瓷、螺钿、金银、黄杨木、象牙、琥珀、玻璃、油画等。在众多镶嵌作品中，大理石插屏具有代表性，广式的大理石插屏的底座雕刻精美，大理石纹理千变万化，是我国古典家具中的珍贵遗产。这种新颖的家具逐渐受到了社会各阶层的喜爱。

清　黄花梨六柱架子龙床

豪华大气的广式家具受到清代皇室及达官显贵的偏爱，为满足上流社会的需要，清宫造办处专门设立了“广木作”，招募大批广作硬木工匠进京制作广式家具。由于深受上层社会的推崇，广式家具在清中期逐渐打破了苏式家具一统天下的局面，成为具有代表性的清代家具，其出口范围、数量以及影响力都远远超过苏式家具。

清　黄花梨嵌百宝提盒

京作

京式家具是指北京地区上层社会的家具，即宫廷作坊如造办处、御用监在京制造的家具。京式家具的主要用材为黄花梨、紫檀和红木等硬木，家具造型线条遒劲，威严奢华，雍容华贵，彰显了皇族的王者风范，是典型的宫廷家具类型。

京式家具是清代宫廷的御用家具，政府财政担负材料费用，其材料一部分来自明朝遗存的旧料，一部分来自海外采购，还有一部分来自民间进贡，品质优良。

黄花梨嵌瘿木案头柜

京式家具是在苏式、广式家具的基础上发展起来的。清朝雍正、乾隆年间，清宫造办处下设苏木作与广木作，招募能工巧匠，专门负责为皇家制作家具，京式家具就此产生。京式家具的风格介于苏式和广式之间，既有苏式简洁的风格，又有广式华丽的气派，还追求庄严奢华的皇家风范。

黄花梨圆裹腿带卡子花半桌

黄花梨提盒

黄花梨书柜

在修饰方面，京式家具与广式家具风格相似，偏爱深色木材和名贵装饰材料。镶嵌材料以金、银、玉、象牙、珐琅等为主，力求显示宫廷家具的华贵。其修饰内容不同于其他流派家具，多采自殷商青铜器和汉代石刻艺术，常用象征天子身份的图腾纹饰，如夔龙、夔凤、蟠纹、螭龙纹以及兽面纹、雷纹、蝉纹与勾卷纹等，追求古朴典雅、肃穆高贵的艺术风格。

清朝晚期，皇室飘摇，京式家具逐渐衰落，遗留至今的京式家具原件多为乾隆至道光年间的作品。清朝灭亡后，故宫遭受破坏，很多家具流落民间，因保管不善，多被损毁或外流。

清早期　黄花梨联三闷户橱

家具分类

家具是供人们坐、卧或支承与储存物品的一类器具。中国人最初是席地而坐的，席子就是最原始的坐具，是床榻的起源。直到魏晋南北朝时期，低矮家具才逐渐发展成为高型家具，人们逐渐从席地而坐转为垂足而坐。到了隋唐又出现了许多新型家具。宋代的家具种类更多。明清时期是中国古典家具的巅峰时期。繁多的家具可分为几大类，分别是承具、坐具、卧具、架具、屏具、庋具。

黄花梨官皮箱

黄花梨雕玉兰花笔筒

黄花梨方桌

承具

承具最为常见，用途最为广泛，是古典家具最重要的组成部分之一。承具主要用来承托物品，包括桌、案、几，它们之间稍有差别。桌有方有圆，有高有矮，桌的四足在桌面四角，具体可分为方桌、长桌、书桌、炕桌、琴桌等。案和桌的最大区别是案的四足不在四角，而是向里缩进一点。案有平头案和翘头案；腿足有的带托泥，有的无托泥；腿足间有的有镶板，有的无镶板。案具体可分为炕案、条案、画案等。几是一种比较古老的家具样式，从战国至汉魏的墓葬中，常可见到矮几。几和桌的造型较为相似，但比桌小巧，具体可分为茶几、花几、香几等。

黄花梨六棱花几

◆ 圆桌

圆桌是常用家具，在清代最流行，如今遗留下来的圆桌多是清代制品。圆桌分为有束腰和无束腰两种，足间有的装横枨，有的装托泥，四足、五足、六足、八足桌腿的都能见到。通常一张圆桌和五个圆凳或坐墩组成一套。有很多圆桌并不固定在一处，常用以临时待客或宴饮。这种圆桌多为组合式，使用时组装，不用时拆开放置。有的圆桌不用桌腿，采用独梃立柱式，面下装活动轴，桌面装好后可以转动，用作餐桌，方便布菜，既实用，又美观。

明清圆桌既有由两张半圆桌拼成的，也有整面的折叠圆桌。折叠圆桌既有交足式的，也有活腿式的。活腿折叠圆桌以四足构成三个支撑点，其中两足先以折叠方式固定于面板之下，另两足上部做出榫头，足间连以横枨，其中一足并入先前两足中的一只，或以铰链做成可自由开合的形式。

海南黄花梨仿清式圆桌圆凳（一套）

八仙桌的传说

相传，吴道子正在家中作画，八仙忽然造访，吴道子连忙把他们迎进房内，海阔天空谈论间，不知不觉天色已晚。吴道子想把八仙留下来吃饭，可是没有桌子能坐得下这么多人。他灵机一动，大笔一挥，画出一张四角方方的桌子，大家正好够坐。吕洞宾问吴道子这张桌子叫什么名字，吴道子想了想说："我为你们而作，就干脆叫八仙桌吧！"

◆ 方桌

方桌是常见家具，正方形，根据其大小不同，可分为八仙桌、六仙桌、四仙桌。八仙桌一共可以坐下八人，一般被放置在厅堂中央，主要是就餐用。方桌制作简单，使用方便，从古至今，广为使用，与人们的生活息息相关。古人以大方桌为上等，越大越气派。现在这种观念已经改变，小巧精致成为时尚。

黄花梨一腿三牙罗锅枨方桌

◆ 画桌

画桌属于长桌，主要用于作画、裱画，外形精致，典雅大方，桌面宽大。画桌通常也有束腰和无束腰之分。

黄花梨半圆桌

◆ 炕桌

炕桌是一种矮桌，放置在炕或床上使用。炕桌比炕几、炕案略宽，用时放在炕的中间。北方人非常喜欢使用炕桌，习惯于在炕桌边吃饭、喝茶、读书、写字、待客、聊天。明代遗留下来不少炕桌，以高束腰形式最为常见，这类炕桌通常是用黄花梨木和紫檀木制成的，整体形态宽而矮，制作简单，装饰有的古朴，有的华丽。宫廷的炕桌精致、厚重、华丽，其使用方式相对固定。民间炕桌则没有过多要求，制作古朴简单，材质一般。

黄花梨有束腰马蹄腿炕桌

明末清初　黄花梨龙纹折叠炕桌

◆ 琴桌

琴桌桌面一般不大，只要够放置一两架古琴即可，是专门用于弹琴的一种家具。桌面为双层，起共鸣箱的作用。一般带有抽屉，用来放置琴弦等用具。琴桌具有装饰作用，故造型考究、精美。到了清中期，琴桌的概念变得更为宽泛，带精美雕刻纹理的条桌都可以用来陈设古琴，这种琴桌侧重装饰，并不非常适合弹琴。下卷形制的琴桌最受欢迎。

琴桌有单人琴桌和双人琴桌之分。桌面有石制的，也有木质的。通常说来，干透的松质木料适合制作琴桌，桌面不可太厚，桌面薄有利于同琴音共振，从而增加音量。琴桌须稳固，倘若晃动，会使弹奏效果大打折扣。

黄花梨拱璧纹琴桌

琴桌比普通桌子短小，低矮，但是琴凳要高，弹奏时，两膝能放进桌下最好，便于演奏。一般的琴桌长 100 ~ 110 厘米，宽 40 厘米，高 70 ~ 72 厘米。另外，也有端头处开槽（放置琴轸用）的大号琴桌。

琴桌历史久远，早在宋代就已出现。宋代赵佶的《听琴图》中所绘的琴桌，精致美观，桌面下还设有音箱。明清时期，以石为面的琴桌流行起来，玛瑙石、南阳石或永石等都很常用。除此之外，郭公砖也用作桌面。郭公砖空心，两端透孔，用它做桌面，弹奏效果很好。还有一款填漆戗金的琴桌，以薄板为面，下装中空桌里作为音箱，桌里镂有两个钱纹，桌身通体线刻填金龙纹图案，非常华丽、实用。

黄花梨琴桌

◆ 棋牌桌

棋牌桌用于下棋、打牌，多为方形、双层套面。套面之下，做出暗屉，方便放置各种棋具、牌具。暗屉有盖，盖的两面各画一种棋盘。棋桌相对两边的桌侧，各有一个直径 10 厘米、深 10 厘米的圆洞，用来放置围棋子，上有小盖。放好上层套面，和普通方桌没什么两样。明清时期，棋桌大受欢迎。其桌面边抹之下有夹层，内置棋具，上面有活动桌面。对弈时揭去桌面，露出棋盘；不用时盖上桌面，同于普通桌子。这种棋桌叫 “活面棋桌” 。棋牌桌的大小和式样并无定制，半桌式、方桌式都能见到。还有一种较为特殊的折叠式棋桌，可以拉开伸展，形成三张方桌大小的长方桌。

清　花梨木八抽麻将桌

◆ 条案

条案是一种长方形的承具，脚足位置与桌子不同，稍向里缩进，而不在两端。条案是各种长条形几案的总称，有书案、平头案，翘头案等，放陈设用品。在古代厅堂中，条案是最常见的家具之一。形体较小的条案适合放置在书斋、闺房、佛堂等场合。

花梨木条案

清早期　黄花梨方腿刀牙板条案

黄花梨折叠式炕案

◆ 炕案

炕案是一种矮小的桌案，案面比炕桌略窄，通常顺着墙壁放在炕的两头，用来放置一些用具。炕案既能用来凭靠，又能放置一些器物，还能用来宴饮。炕案的功能和炕桌相同，但不如炕桌大众化，多为名门大户所用，属于比较高档的家具。而炕桌造型既有繁复的，也有简洁的，各种家庭都能使用。

◆ 画案

画案顾名思义是用来作画的一种家具。为方便作画，画案多制成平头案，且尺寸较大。画案的结构、造型和条案基本相同，只是案面更宽。画案一般不设置抽屉，案面下很宽敞，既能站起来绘画，也能坐在案前绘画。画案的流行始于魏晋南北朝。隋唐时期的画案多为宽面长体大案。两宋时期的画案主要为托泥高座式，造型简洁。明清时期，画案变得考究、美观。

黄花梨灵芝纹画案

黄花梨云牙纹架几案

◆ 架几案

架几案应是清朝才出现的新家具品种。架几案一般形体较大，适合摆放大件陈设品，殿宇中和宅第中厅堂常摆设这种家具。架几案由两个特制大方几和一个较长的大案面组成，使用时将两个方几按一定距离放好，上面平放案面。架几案主板较厚，能承受重物，适宜放置盆景、山石、雕塑等。在南方，体形超大的架几案被称为“天然几”。

清　黄花梨茶几

◆ 茶几

茶几一般为正方形或长方形，高度和扶手椅的扶手差不多。茶几用于放杯盘茶具，茶几足间带有一层屉板，可以放杂物。茶几由明代的长方形香几演变而来，遗留下来的茶几大多是红木、花梨木制品。茶几一般比香几矮小，更玲珑精巧。清代茶几一般不会单独摆设，往往和扶手椅成套放置在厅堂两侧，其造型、装饰、色彩与座椅相协调，据此也能将茶几和香几区分开来。

◆ 香几

香几是用来承置香炉的家具。香几几面多为圆形，腿足较为弯曲。不论在室内还是在室外，香几一般都单独放置，四无傍依。香几造型大多委婉多姿，非常美观。

黄花梨有束腰绿石面马蹄腿香几

香几常成组或成对出现，佛堂中有时五个一组用于陈设五供，个别时也可单独使用。古代书房中常置香几，可用来放置香炉、奇石等。形制多为三弯腿，整体外观似花瓶。香几有多种式样，高矮不同。

黄花梨及乌木高束腰三弯腿带托泥香几

◆ 套几

套几是清代的特色家具，几面呈长方形或正方形。套几使用方便，可分可合，一般四件为一套。同一套中的几，式样相同，逐个减小。不用时收起来，大几套小几，只占一个几的空间。套几多为苏作，精巧雅致，深受文人雅士的青睐。因其便于陈设，至今在外销中仍很受欢迎。

黄花梨套几

◆ 花几

花几又称花架或花台，是一种高型几架，专门用于陈设花卉盆景，多设在厅堂角落或正间条案两侧。花几出现的历史大约可追溯到五代。宋元时期，花几的数量渐多，但明代并不常见，清代中期以后才渐趋流行。现今遗留下来的花几基本都是清代制作的。清代中后期，官宦贵族偏爱花几。陈设花卉、盆景的花几被看作是一种高洁、脱俗、典雅的家具，因此被用来装点门面、彰显高雅。

花几的用料十分讲究，好的花几都是用黄花梨木、紫檀木等名贵木材制成的。造型上则崇尚高雅舒展，尤其是腿足的设计非常巧妙；装饰上除常见的烫蜡、髹漆和雕刻花纹图案外，还采用雕填、戗金和包贴等手法，另外还镶嵌特别豪华的骨珠玉石类，如几面嵌大理石、岐阳石、美玉和玛瑙，有的还嵌以五彩瓷面或楠木。嵌料的形状依几面而变化，常见的形状有多角形、方形、梅花形、如意形和圆形等，观赏价值较高。

黄花梨花几

黄花梨花几

黄花梨花几

花几中有一些超高花几，高度通常在100厘米以上，有的甚至达170～180厘米。这种花几出现于清代道光、咸丰朝以后，清代晚期绘画及版画插图中经常可见。遗留至今的高花几实物，绝大多数是酸枝木材质，制于清晚期至民国时期。

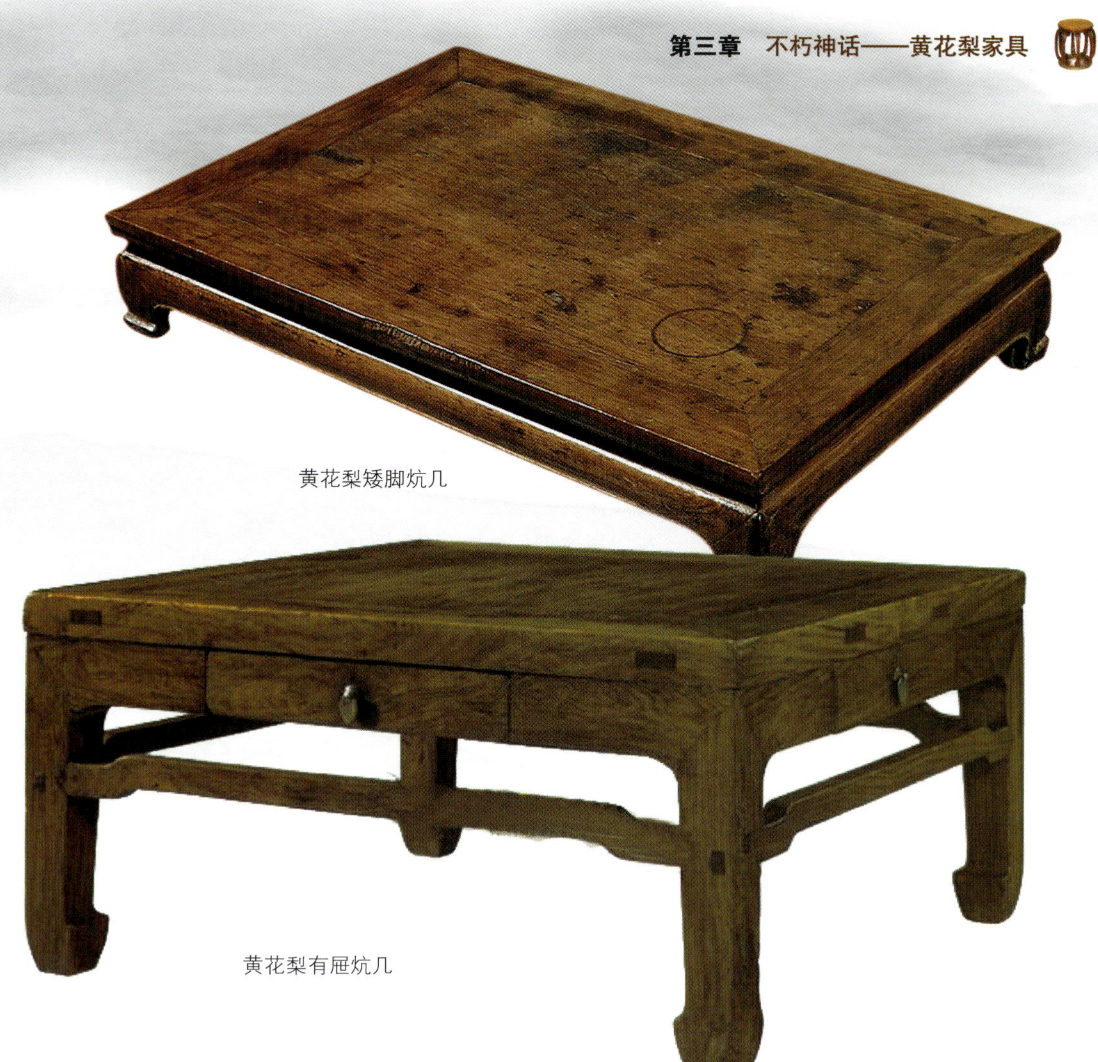

黄花梨矮脚炕几

黄花梨有屉炕几

◆ 炕几

炕几起源于宋代，盛行于明清。炕几深受北方人欢迎，最适合在大炕床上放置。明式炕几看重材质，并无过多的装饰，非常实用、结实。清式炕几则更重视装饰性，造型华丽复杂，材料厚重，其结构也比明式复杂。炕几一般由三块厚板直角相交，几面为长方形，足底有的平直落地，有的向内或向外兜转形成卷书状。两端立板成为光素，或有雕花。

坐具

椅子是有靠背的坐具，其样式、大小差别很大，造型成熟的椅子形象在唐代的绘画作品中已能看到。根据椅子外形的区别可将其分为官帽椅、圈椅、玫瑰椅、交椅等品种。在各个历史时期，椅子的造型有不同的风格。宋代椅类家具造型淳朴纤秀，结构合理精细。明代椅类家具继承了宋代的传统工艺，同时又有所发展，在造型上讲究简洁雅致。清代椅类家具则一味追求富丽华贵，不注重实用性。

黄花梨搭脑圈椅三件套

黄花梨雕花半圆桌加鼓凳

凳子起初是一种蹬具，专门用来脚踏的，后来逐渐演变成了坐具。凳子的普遍使用源于宋代，明清时期凳子的样式增多，有方凳、条凳、圆凳、梅花凳等。凳子制作简单、用途广泛，古代遗留下来的凳子数量较多。

良木五德

第一，材质：要坚硬、沉重、细密、耐腐，这样才能世代相传。

第二，纹美：木材纹理要千变万化，美如图画。

第三，色艳：材色要高贵艳丽、明快动人。

第四，味香：能散发独特高雅、沁人心脾的香气。

第五，性润：一是指油性好，材质刚中有柔；二是指晶莹剔透、珠圆玉润。

黄花梨西番莲纹交椅

◆ 交椅

交椅椅足呈交叉状，故称交椅。交椅起源于古代的胡床，可以折叠，如同现在的马扎。交椅就相当于带靠背的马扎。因隋朝忌讳说“胡”字，就将其改名为交床，到了宋代又改名为交椅。在等级森严的封建社会里，不是谁都能坐交椅，坐交椅乃是身份、地位高贵的象征。正因为如此，“坐第一把交椅”就成了首领的代名词。

黄花梨麒麟纹交椅

黄花梨圆后背交椅

交椅制作工艺考究，造型流畅优美，椅圈弧度柔和，被人们形象地称为“月牙扶手”。交椅的椅面一般为麻绳或皮革所制，前足底部安置脚踏板，既美观又合理。椅背通常有浮雕图案，透射出清灵之气，典雅而大方。在扶手、靠背、腿足间，一般都配制雕刻牙子，另在交接之处也多用铜装饰件包裹镶嵌，结实、美观。由于交椅可折叠，携带方便，故皇家贵族或官员们郊游、围猎、行军作战时经常用到它，后逐渐演变成厅堂家具。

◆ 官帽椅

官帽椅又名扶手椅，因其造型形似官帽而得名。官帽椅是一种大众家具，是客厅最常用的摆设，两张官帽椅之间配置一张茶几。官帽椅又可细分为南官帽椅和四出头官帽椅。南官帽椅的搭脑和扶手均不出头，直接与立柱、鹅脖衔接，衔接处做成圆角。这种类型的官帽椅在南方比较常见，所以被称为南官帽椅。明式南官帽椅风格简洁，全体基本为素式，只在背板上制作浮雕图案。四出头官帽椅比南官帽椅更常见，四出头官帽椅的搭脑在立柱处延伸出来，并削成圆头。这种搭脑出头的样式和明代有帽翅的官帽非常相像。扶手在鹅脖处也向外探出。此椅取“仕出头”的谐音，有仕途顺利的寓意。明清两代制作的官帽椅风格各异，明代官帽椅秀气挺拔，简洁流畅，多为素面，只在靠背板和牙板处有少量雕刻；而清代官帽椅款式丰富，用料较多，雕纹面广。

明末　黄花梨四出头官帽椅

明　黄花梨透雕靠背圈椅

◆ 圈椅

圈椅由交椅演变而来，以常见的四条直足取代了交椅的交叠椅足。圈椅一般不会被单独摆在客厅内，而是成对陈设。

早在宋代，圈椅便已流行，元代不常用，到了明代再度流行。明代的圈椅，俗称“罗圈椅”。圈椅的搭脑和扶手连成一个椅圈，后背与扶手一顺而下，上半部基本和交椅相同，而下半部则变为四直足，椅子面改成木板。圈椅在明代被称为“太师椅”，以示赞誉，这也是唯一一种以官名命名的椅子。坐在圈椅上，肘部与手臂都能得到支撑，相当舒适。圈椅的背板大多做成“S”形，这符合人体脊背的自然曲线，体现了明式家具的科学性，很受欢迎。圈椅大多采用光素手法，只有椅背上会雕刻简洁的浮雕。圈椅简单舒适，具有韵律美，在中国古代家具中品第高雅，在国际文物拍卖市场上，圈椅的价格一直居高不下。

明末　黄花梨雕双龙纹软屉圈椅

太师椅典故

宋代张瑞义在《贵耳集》中记载：太师秦桧坐在交椅上，无意中一仰头，头巾掉了下去。吴渊正好见到此情景，便命人制作了一种荷叶托首，安在秦桧等人的椅圈上，这便是太师椅。溜须拍马的吴渊，无意中为中国古典家具史留下了一笔遗产。

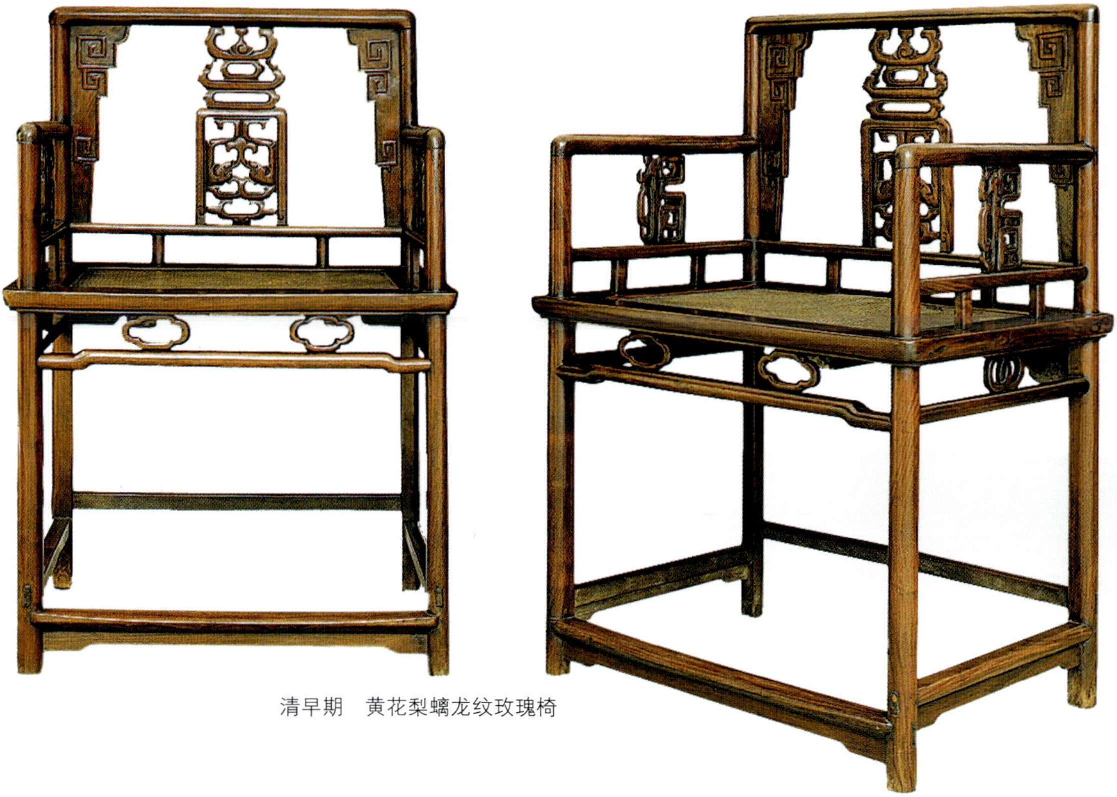

清早期　黄花梨螭龙纹玫瑰椅

◆ 玫瑰椅

玫瑰椅造型别致、形体纤美，属于各类椅子中较小的一种。玫瑰椅在宋代的名画中偶有出现，到了明清时期较为常见。玫瑰椅的名称流行于北京，在南方称为文椅。

玫瑰椅属于南官帽椅的一种，但椅背非常低，略高于扶手。玫瑰椅若是临窗而设，椅背不会高过窗台；与桌子搭配，不会高出桌面，易与其他家具搭配。玫瑰椅并不实用，由于背部和头部缺少依靠，坐不了多长时间就会感到疲劳。

玫瑰椅的做法同南官帽椅相似。明式玫瑰椅多为圆脚或方脚，清式玫瑰椅脚面常见刻棱线。玫瑰椅在苏州园林的陈设中很常见，其装饰以线结构为主要手段。清中期以后，玫瑰椅的装饰发生变化，放弃空心靠背板，采用较为复杂的装饰，豪华瑰丽。

玫瑰椅的材料多为黄花梨，其次是铁力木、紫檀。陈设时不用过于拘泥，可以两把椅子对面而设，中置桌案；亦可不用桌案，双双并列。

明　黄花梨玫瑰椅

黄花梨双螭捧寿玫瑰椅

◆ 靠背椅

靠背椅起源于南北朝，唐代以后变得普遍。靠背椅最大的特点是只有靠背，没有扶手。靠背由一根搭脑、两根立柱和居中的靠背板组成，椅面一般为方形。根据靠背形式可将靠背椅分为一统碑式和灯挂式两种。一统碑式靠背椅，类似于南官帽椅，搭脑不出头。灯挂式靠背椅与四出头官帽椅类似，其横梁长出两柱，微向上翘，犹如挑灯的灯杆，故而得名。靠背椅因轻巧灵活、使用方便而深受欢迎。

黄花梨灯挂式靠背椅

黄花梨天成宝座

◆ 宝座

宝座又称宝椅，由大型座椅发展而来，座面宽阔，很有气势。宝座的样式和罗汉床很相似，体型略小。宝座主要是供帝王皇族使用，显示其无上尊贵。明清两代宫廷制作了大量宝座，清代的宝座装饰复杂、华丽，有的还会雕云龙纹，涂上金漆，显得富丽堂皇。宝座常被放在显眼位置，一般是单独存在，很少成对出现。

宝座整体较高，座面又宽又深，人坐在中间并不舒服，双脚离地，坐姿不雅，只能坐于边缘。因为宝座太宽阔，扶手只是摆设，两臂很难同时靠到两侧扶手。靠背板较直，背部也会感到不舒服。因此，宝座似乎只是个摆设。现在一些仿制品对其加以改善，不改变宝座的纹样和基本外形等，降低座高，减小座面宽度和深度，并且科学地调整了靠背的曲度和后仰度。

◆ 圆凳

明清时期的圆凳，又称圆杌，可有三足、四足、五足、六足、八足，既有直腿的，也有曲腿的。其制作方法与方凳差不多。明代圆凳一般都带束腰，凳面有圆形、梅花形或海棠形，下带圆环形托泥。坚实牢固，做工细致，外形优美。清代时，无束腰和束腰圆凳都较为常见。无束腰圆凳采用腿的顶端作榫，直接承托坐面；有束腰圆凳则主要靠牙板和束腰承托坐面。圆凳和方凳最大的区别是，圆凳不受角的限制，不必都做成四足。

海南黄花梨五足圆凳

明　黄花梨八足圆凳

◆ 坐墩

坐墩的最初造型很可能来自鼓的形状，所以又被叫作鼓凳，很多坐墩还保持上下两排鼓钉的造型。清代坐墩的座面不仅有圆形的，还有多棱形、海棠形的，有的坐墩还有束腰。坐墩有开光和不开光之分，开光坐墩有各种装饰，可镂空成海棠形、云纹等纹样，还可以在开光处用小料拼接出各种图形。开光坐墩便于搬动，不方便搬动的绣墩往往在其腰部安有可以拎的环。有些坐墩的底部装有小足。

坐墩造型圆满，灵秀富丽，装饰性好，在众多家具中很出彩，在清代很受欢迎，宽裕家庭都会配备。

黄花梨圆裹腿带卡子花杌凳

◆ 杌凳

杌凳不带靠背，有方、圆两种形式，但以方凳较为多见。一般可将其分为无束腰和有束腰两大类型。无束腰杌凳的腿足一般是圆材或外圆内方材，直足，不重装饰。有束腰杌凳多用方材，由于凳面以下束腰，故足底做出内翻或外翻的“马蹄”式。有束腰杌凳也可用曲腿，比如鼓腿膨牙方凳。凳面的板心，也可做出花样。有各类硬木心，有木框漆心，还有藤心、席心、大理石心等，种类繁多。

黄花梨有束腰马蹄腿罗锅枨方凳

◆ 方凳

东汉末年，西北少数民族的方凳传入中原。这种凳子尺寸有大有小，最大的约两尺见方，最小的约一尺见方。方凳乍看简单，但仔细观察会发现其样式多变。从材质来看，有的凳面完全用一种硬木制成，有的凳面有大理石镶嵌，还有的凳面是用丝绳、藤条编织软芯，适合夏日使用。方凳与方几、方桌搭配使用，在中国古典家具中非常常见。

◆ 坐墩

坐墩又称绣墩，这是因为它上面多覆盖一方丝绣织物。坐墩在凳类中别具一格，两头小、中间大，和腰鼓的形状类似。早在宋代的画作中就可见到坐墩。当时的坐墩不够优美，外形矮胖，中部鼓出。坐墩的做法通常是木板攒鼓。坐墩的造型多种多样，总体来说，明代坐墩比清代坐墩形体略大。明代坐墩偏素，造型较为简洁；而清代的坐墩雕刻花样繁多，造型富于变化。

黄花梨鼓凳

◆ 春凳

春凳俗称“二人凳”，是可供二人同坐的凳子，它比条凳轻便、精巧。古时民间嫁女时，常在春凳上置被褥，贴喜花，抬进夫家，作为嫁妆。将其放在闺房，临时放置衣物等十分方便。春凳也可供婴儿睡觉用，故旧制常与床同高。如今仅在一些边远地区还能看到。春凳一般用较好的木材攒框、编藤为心制成。

黄花梨春凳

◆ 脚凳

脚凳又名脚踏，是一种蹬具，一般配合宝座、床榻等使用。一方面可以蹬着脚凳上座或上床；另一方面，可以把脚搭在上面。因为宝座或床榻高大，坐在上面，脚会悬空，很不舒服，配备脚凳则舒适自如。

与宝座配合使用的脚凳

◆ 滚凳

在脚凳的基础上，明代又出现了滚凳，这体现了一种养生意识。足心的涌泉穴是一处非常重要的穴位，常按摩它有利于身体健康。据此，人们发明了带有转轴的滚凳。从外形看，滚凳和脚凳相似，平分两格，格中安装两根或三根滚轴。人们坐在椅子上，用足掌推动转轴，刺激涌泉等穴，使筋骨舒展，气血流通，从而达到养生之功效。

黄花梨滚凳

黄花梨交杌

黄花梨交杌

◆ 交杌

交杌也称胡床或交床，由西域传入中原。它就是我们俗称的“马扎”，可以折叠，便于携带。明代《长物志》有相关记载：“交床即古胡床之式，两脚有嵌银，银铰钉，圆木者。携以山游，或舟中用之，最便。”

卧具

卧具主要包括床和榻。床一般宽而长。榻是一种仅有床围而无床架且较窄的坐卧具，榻是床的一种。床和榻的历史非常悠久，其产生没有先后之分，只不过随着时代的发展，叫法不同罢了。明清时期的床榻更具科学性和美观性，这里主要介绍架子床、拔步床和罗汉床三种。

黄花梨螭龙纹六柱式架子床

◆ 架子床

架子床得名是因上有顶架，一般四角安有立柱，可以悬挂帷帐，床的两侧和后面装有围栏。上端四面装横楣板，顶上有盖，俗名“承尘”。围栏多是用小木块作榫拼接成各种几何图样，精致美观。有的架子床在正面床沿上还会多安两根立柱，两边各装方形栏板一块，叫作“门围子”。床屉分两层，下层为棕屉，用棕绳编织而成；上层为藤席，用藤皮编织而成。棕屉能保护藤席，辅助藤席承重，

黄花梨簇云纹三弯腿六柱式架子床

藤席统编为胡椒眼形。四面床牙浮雕螭虎、螭龙等图案。牙板之上，采用高束腰法，用矮柱将其分为数格，中间镶安绦环板，浮雕吉祥图案，而且每块都不尽相同，做工相当精巧。架子床也有单用棕屉的，做法是：在四道大边里沿起槽打眼，用竹楔把屉面四边棕绳的绳头镶入眼里，然后再用木条盖住边槽。棕屉富有弹性，躺卧舒服，直到现在中国南方各地还广为使用。北方寒冷，人们喜欢用厚而柔软的铺垫，床屉大多是木板加藤席。

黄花梨双月洞式架子床

清代架子床高大厚重，围栏、床柱、牙板、四足及上楣板全部镂雕花纹，有的还在正面装垂花门，玲珑剔透，颇为华丽。

黄花梨镶大叶檀拔步床

◆ 拔步床

拔步床也叫八步床，是体型最大、结构最复杂、造型最奇特的一种床。相当于是在架子床前增加一个小空间，用以放置洗漱用具等，成为一个功能齐全的卧具。《鲁班经匠家镜》中将其分为大床和凉床两类，对应拔步床的繁简两种形式。

明清时期很流行拔步床。就像把架子床安放在一个木制平台上，平台比床的前沿多出两三尺。平台四角有立柱，又镶上围栏，还有的在两边安上窗户。床前就像是一个小回廊，回廊中间置一脚踏，两侧可以放置小桌凳、便桶及灯盏等用具。拔步床下有地坪，带门栏杆，给人一种床中床、罩中罩的感觉，颇具个性。

黄花梨雕螭龙拔步床

拔步床的出现有深刻的社会根源。明代士大夫追求享乐，崇尚豪奢，拔步床和这种时尚有着密切的关系。古代遗留下来的拔步床实物很多，其高大的形体表明，它是按房屋框架和装饰而制作。由此可见，中国古代建筑艺术对于家具制作有很大影响。

拔步床

拔步床

清中期　黄花梨及黄杨木罗汉床

◆ 罗汉床

罗汉床是指左右及后面装有围栏的一种床，三面的围栏较矮，用小木块做榫拼接成各种几何图形，后背稍高，不带架子。罗汉床缘何得名没有相关记载，有种说法是可能和僧人用过这种形式的床有关。

黄花梨罗汉床

这类床，通常大一点儿的叫罗汉床，小一些的叫榻，又称“弥勒榻”，这种榻只能容一人睡下。《通俗文》中记载道：“三尺五曰榻，独坐曰枰，八尺曰床。”

罗汉床是早期的床不断改进的结果。中国古人最初的休息场所在地上。床具高度逐渐由低到高，汉代时期的床十分低矮，明清时期床的高度提高了一些。最开始，床的四边没有遮拦；后来，床的三面加上了围板，更为舒适、美观。

黄花梨罗汉床

明代罗汉床的样式颇多，有的有束腰，有的没有束腰，光腿就有三弯腿、直腿、内翻马蹄足等多种样式。围子也是各式各样，较为常见的是三屏风或五屏风，通常都是小木围榫头接合。此时期的罗汉床形式基本已固定。明代罗汉床的体积不大，方便移动，使用随意，室内外均可使用。罗汉床不仅是卧具，还是坐具，可放于

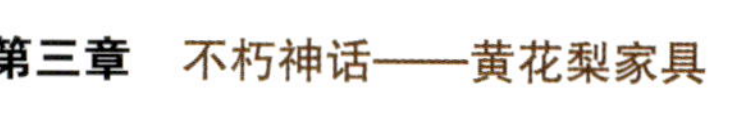

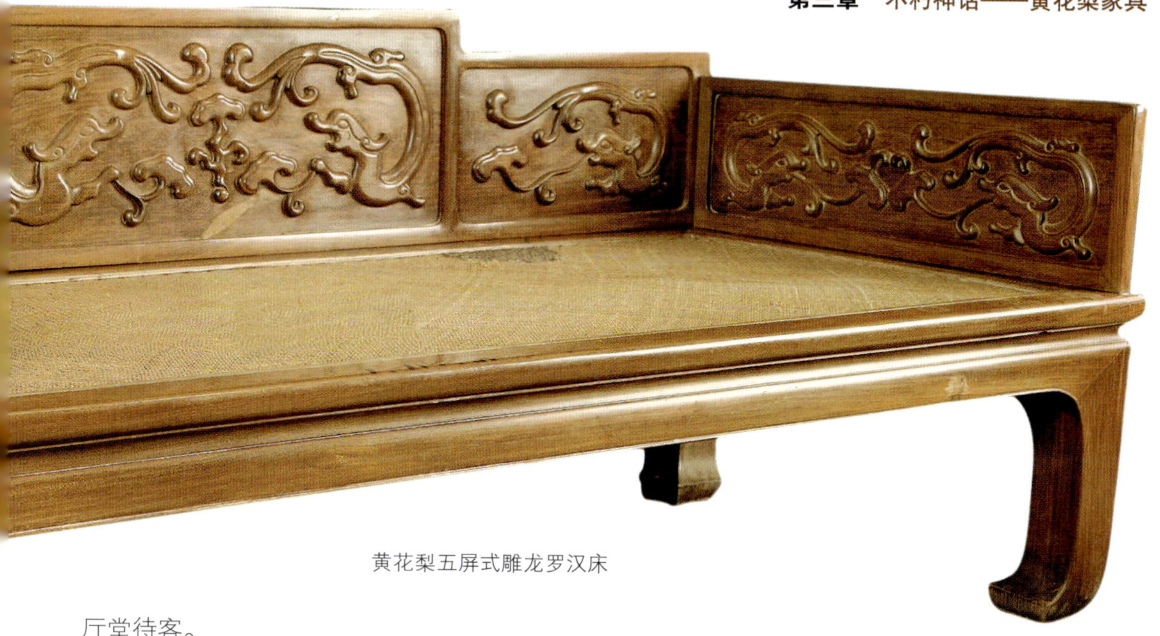

黄花梨五屏式雕龙罗汉床

厅堂待客。

清代罗汉床较大，上面可以放置炕几，供两人坐谈。清中期前的罗汉床基本是沿袭明代的形式。清代宫廷的罗汉床，用料厚重，床腿是粗大的弧形内翻马蹄

黄花梨五屏风攒边装独板围子罗汉床

足，牙板也相当厚，围子多用整块板接合，或雕或镶，装饰繁复，尽显豪华，有“三屏风式”“五屏风式”和“七屏风式”等。围子装饰题材广泛，包括山、水、花、鸟、人物及其他吉祥纹样等。从明清遗留下来的实物可知，围子装饰图案主要通过以下四种方式展现：一是以雕刻为主，浮雕吉祥图案；二是用攒接手法组合图案；三是将大理石镶嵌在围子上，利用石材的天然色泽装饰；四是巧用素围子，不作其他装饰，注重表现木材的自然纹理，体现高雅质朴的韵味。有些罗汉床的榻面用细藤编制，藤面平整，富有弹性，坐卧舒服。藤面透气清爽，最适合在夏季使用。

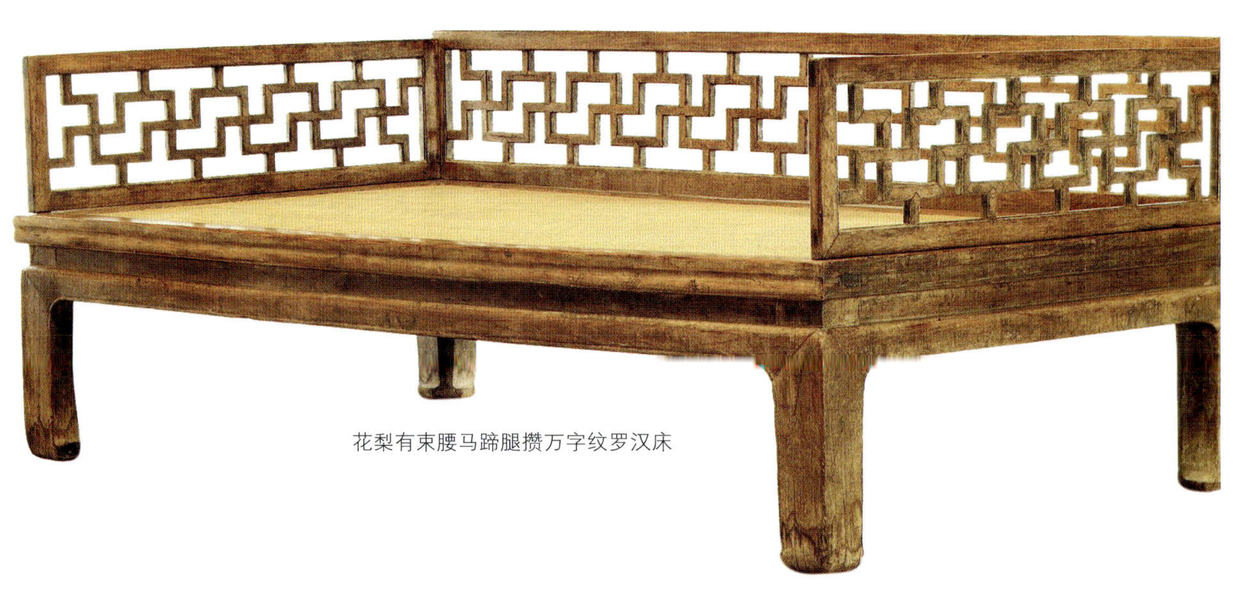
花梨有束腰马蹄腿攒万字纹罗汉床

庋具

庋类家具的主要用途是储藏物品，主要包括橱柜和箱匣等。橱，整体与案相仿，有案形和桌形两种。柜，都是正面开门，内中装屉板，柜门上有铜饰件，可以上锁。橱和柜都可以储存物品，但它们又有很多区别。柜较大，有两扇对开的门；橱比柜小，在橱面之下有抽屉。橱柜的形制很多，有圆角柜、方角柜、两件柜、四件柜、亮格柜和闷户橱等。

黄花梨独板二联柜

箱匣也是一种存储生活用品的家具，其形体不大，两边装有提环，方便搬运，非常实用，是外出携带衣物必不可少的用具。因为箱匣经常被搬动，难免会磕碰受损，为了延长使用寿命，常用铜叶包裹各边及棱角拼缝处。箱盖四角饰铜质云纹包角；正面饰铜质面叶和如意云纹拍子、纽头等，可以上锁。较大的箱子，一般会固定摆放，下面配箱座，或者称之为“托泥”，避免箱底受潮。

明清时期的箱类家具颇具特色。首先，用料比较讲究，常用紫檀、黄花梨木等良材，气候潮湿的南方还流行樟木箱，以防蚊虫。其次，箱子种类繁多，大的有衣箱、药箱，小的有官皮箱、百宝箱，应有尽有。最后，装饰手法丰富，采用剔红、嵌螺钿或描金等，且多数有纪年款。

根据箱匣所储藏的物品种类不同，可将其分为存放衣物的衣箱，保存珠宝首饰或古玩把件的百宝箱，具有冷藏作用的冰箱，储藏药品的药箱及盛放其他物件的提盒等。

黄花梨轿箱

清早期　黄花梨画箱

黄花梨螭纹联二橱

◆ 橱

橱是柜和案的结合，其形体与桌、案相仿，案面可以用来承放物品；案面下有抽屉和闷仓，用于储存日常用品。橱非常实用，深受普通百姓欢迎。橱有炕橱、闷户橱及三联橱等形制。桌面下安抽屉，两屉称联二橱，三屉称联三橱。闷户橱可承放物品和储藏物品。闷户橱具有三联橱的抽屉，抽屉下面还有闷仓，没有能开启的两扇门；柜腿与柜面相交而不垂直，上小下大，为“侧脚”。

黄花梨雕龙橱柜

◆ 橱柜

橱柜是橱和柜的结合，故得此名。橱柜就是在橱的下面装上柜门，具有橱、柜及桌案三种功能。橱柜的形体一般不大，和桌案的高度相当。面下安抽屉，抽屉下是两扇柜门，门上装铜饰件，可以上锁，内装膛板，分为两层。明清两代的橱柜种类丰富，做工和风格与桌案相似，分桌式和案式两种。桌式橱柜基本没有侧脚和收分，即使有侧脚也不明显。案式橱柜的板面两端长出橱身，分为平头和翘头两种，四框的立柱和腿足皆一木贯通，有明显的侧脚和收分。桌式和案式，在明清两代的居室陈设中都很常见。

黄花梨圆角柜

◆ 圆角柜

圆角柜全部用圆料制作，不但四足是圆的，四框外角也是圆的，也称“圆脚柜”。圆角柜柜顶前、左、右三面有小檐突出，人们称其为“柜帽”。圆角柜的柜角有圆有方，柜帽转角处多削方棱，遂成圆角。一般选用较轻的木料制作圆角柜，外上麻灰，再罩红漆。尽管如此，但因其形体高大，漆灰较厚，仍然很重。圆角柜的四框与腿足一体，分别以一根圆料制作而成，侧脚收分明显。板芯一般会选择纹理富于变化的整块板镶成，两门中间有活动立栓，配置条形面叶，被北京人称为“面条柜”。这类柜子两门与柜框之间不以合页（即铰链）结合，而是采用门轴直接插入，转动灵活，拆卸方便，深受人们喜爱。由于圆角柜一般做成木轴门，因此也被称为“木轴门柜”。

黄花梨圆角柜

圆角柜有两门与四门之分。四门圆角柜形式与两门圆角柜相同，只是更为宽大。靠边的两扇门不能开启，但可拆装。四门圆角柜是在柜门上下两边做出通槽，在柜顶和门下横带上钉上与门边通槽相吻合的木条。关门时，把门边通槽对准木条向里一推，木条便牢固地卡住柜门。中间两扇门与两门柜的做法相同，可以开关，在两门之间，还有一条可拆装的活动门闩，门闩和门边均钉有铜饰，可以上锁。

清　黄花梨方角柜

◆ 方角柜

方角柜整个外形方方正正，没有柜帽，柜门采用合页，柜角一般采用粽角榫。其基本造型和圆角柜相似，唯一的差异是四角均为直角且柜体直上直下，柜子的四边与腿足都为方棱。柜门的制作基本和圆角柜相同。

◆ 顶竖柜

顶竖柜属于组合式家具，在明清储藏类家具中占有重要地位。顶竖柜由底柜和顶柜组成，是在一个两开门立柜的顶上再叠放一个两门顶柜，顶柜与底柜之间有子口吻合。顶柜的制作工艺、风格及长宽与底柜一致，宛如一体。也可以把顶柜取下来，独立成件。因顶竖柜由一大一小两节柜组合而成，故俗称“两节柜”。又因顶柜和箱子相似，因此又叫“顶箱立柜”。

黄花梨百宝嵌番人进宝图顶竖柜

顶竖柜一般成对存在，所以又称“四件柜”，明清时期十分常见。顶竖柜大小不一，可根据厅堂空间选择合适规格的顶竖柜陈设，或并排陈设，或相对陈设。为避免并排陈设时两柜之间出现缝隙影响美观，顶竖柜均采用方正平直的框架。采用方料制作，上下左右均方正平直，没有侧脚和收分。顶竖柜是由方角柜发展而来，整体特征与方角柜相似，柜顶没有伸出的顶沿，门扇与柜框采用铜合页。上等四件柜以珍贵的黄花梨、紫檀、楠木等为材料，普通四件柜则用榆木、柏木或榉木等为材料。四件柜会使用漆器描金与雕漆工艺，表面铜饰制作精美，合页、面叶、吊牌及纽头等通常都要雕花镂纹，非常讲究。

黄花梨包镶顶竖柜

黄花梨雕花顶竖柜

黄花梨雕龙纹竖顶柜

明清时期，顶竖柜一直在家具中扮演着重要角色，这是因为它既实用又美观，不仅能储存生活用品等，还具有很强的装饰性。明代花梨木材质的四件柜非常多，一般没有过多装饰，雕刻镶嵌工艺比较少见。清代四件柜多用紫檀木制作，一般装饰华丽，多浮雕或镶嵌纹饰。清末，受西洋家具文化和建筑形式影响，顶竖柜

开始向近代对门大衣橱演变，下橱的门上被安装上玻璃镜，制作的材质也变成单一的红木。顶橱的门有的也安上了起装饰作用的镜子，橱上通常置方形圆孔花板，露出圆镜，不但美观大方，还有天圆地方的寓意。但这种红木顶竖橱存在的时间较短，只是一种过渡性的家具，很快就被近代大衣橱代替，成为古董。

◆ 亮格柜

亮格柜是把格与柜结合在一起的家具，兼具橱柜和格的功能。亮格柜的亮格是指没有门的格层，柜是指有门的格层，故亮格柜就是指带有亮格层的立柜。亮格柜通常下部做成柜子，用来存放书籍等；上部做成亮格，可以摆放古玩、盆景等。亮格柜主要被陈设在厅堂或书房。下层的柜子为双开门，内装膛板，分为两层，门上装铜饰件。有些亮格柜装抽屉，或者是露出来装在亮格下，或者是隐藏在柜门之内。亮格有一层和二层之分，以一层的常见。有的亮格后面装木板，其他三面透空；有的在左右两面及正面各装一道极矮的围栏；或者在左右及上沿装一壶门式牙板。有一种亮格柜由三部分组成：即最上面为亮格，中间为无足柜身，最下面是一个支撑柜子的矮几。北京的工匠们把这种亮格柜称为“万历柜”或“万历格”。亮格柜差不多与成人肩部同高，或者更高一些。

亮格柜既实用，又雅致，是明朝家具的典型代表，一般文人士大夫家里都会摆放亮格柜。清代亮格柜通常繁缛豪华，精雕细刻，外观华丽。

黄花梨亮格柜

黄花梨亮格柜

◆ 书格

书格又名“书阁”，是专门存放书籍的架格，是必不可少的书房用具。大部分书格四面透空，只在每层屉板的两端和后沿装上较矮的栏板，便于摆放书籍。书格一般为两层或三层。书格正中间常并排装两三个抽屉，既能加固柜架，又方便放置文房用品或古玩字画等，因此很受欢迎。

黄花梨栏杆镶乌木卡子花架格

书格敞亮、大方、简便、灵活，对书房能起到良好的装饰作用。明式书格高约六尺，分为三层或四层。明式书格不重装饰，简洁大方，可以呈现出变化多端的木质纹理。清式书格造型多变，精雕细刻，整体造型错落有致，具有很高的观赏价值。

海南黄花梨老料架格

◆ 多宝格

多宝格又称“百宝格”或“博古格”，其整体造型与书架相似，有的四面透空，有的背面设置木板，有的仅正面透空。多宝格最具特色的地方是设置了许多不同样式和尺寸的小格，专门用来陈设古玩器物。多宝格兴起于清代，是非常典型的清式家具。清代贵族喜爱佩戴饰物、收藏古董，多宝格这种架式储藏家具应运而生。多宝格既能储藏珍宝，又能装饰厅堂。多宝格最受人推崇的地方，是其格子横竖不等、高低错落、玲珑有致，人们可以根据每格的尺寸大小，选择不同的陈设品摆放。多宝格打破了横竖连贯等极富规律性的格调，布局效果新颖奇特，将其摆放在客厅里，能为厅堂增添光彩。多宝格形式繁多，各不相同，制作精美，本身就是精美绝伦的艺术品。

黄花梨多宝格

黄花梨衣箱

◆ 衣箱

衣箱是专门用来储存衣物的箱子。盖子一般向上打开，正面有铜饰件和如意云纹等，可以上锁。由于衣箱要经常搬动，一般形体不大，且在两侧装有提环。为了坚固起见，四角多用铜面叶包裹。黄花梨和樟木是制作衣箱的好材料。

◆ 百宝箱

百宝箱也叫首饰箱（匣），内有多层，主要用于存放首饰珠宝或文玩。百宝箱内构造巧妙，设有许多深浅不等的抽屉。明代的百宝箱多设云头铜活，可以上锁。到了清代，百宝箱的设计更为复杂多变，装饰繁缛，配有蝙蝠、蝴蝶形铜活装饰的西洋暗锁。

清早期　黄花梨官皮箱

清　黄花梨官皮箱

◆ 官皮箱

官皮箱是一种做工精致、小巧玲珑的储物箱，由宋代镜箱演进而来。官皮箱形体虽小，但内在结构复杂。官皮箱由盖子、箱体、箱座三部分组成，最上面是盖子，打开后里面的空间约深 10 厘米，内有支架，再下有抽屉，最下是底座。官皮箱可作梳妆箱，梳妆完毕，箱盖和箱体能够扣合。两侧有提环，多为铜质。箱的正面有锁具，打开锁具，掀起顶盖，再打开两门才能取出抽屉。官皮箱内一般会存放贵重物品，如文书、契约和玺印之类。这种箱子由于携带方便，常被巡视、上任的官员使用，所以被称为“官皮箱”。

◆ 冰箱

古代冰箱是冷藏新鲜食物的用具。里面有很多层，可置冰块、食物。箱下配有几形或凳形的架子。

◆ 药箱

药箱一般体型不大，内设许多大小不同的抽屉，是专门储放药物的用具。药箱上面设有提梁，方便提携。药箱属于高档家具，普通百姓一般不用。

◆ 提盒

提盒即食盒，是由多层木盒垒放组合到一起的长方形箱盒，可分为大、中、小三种形式，周围设有柜架稳固各层。为方便提取，上有提梁。提盒非常实用，大户人家出行，常用提盒携带些食物；在家宅中，若厨房与饭厅距离较远，也可用到它。提盒既有用上等海南黄花梨木制作的，也有用竹藤等材料编制的。精美的黄花梨提盒后又演变成为装诗笺、文玩的案头文具。

黄花梨药箱

架具

架具一般都固定在室内，是悬挂及承托用具，用以挂放或承托日常物品，主要包括衣帽架、盆架、灯架、灯台、镜台和梳妆台等。

明　黄花梨龙纹衣架

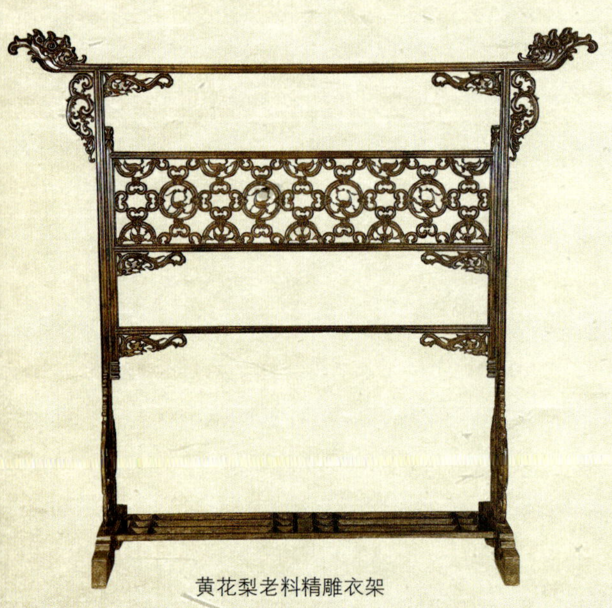
黄花梨老料精雕衣架

◆ 衣帽架

衣帽架是由支架和横杆组成的用于悬挂衣服或帽子的架子，主要是寝室内使用，大多放置在卧室床榻附近或进门的一侧，外间很少见到。古代衣架与现代竖向结构的衣架不同，主要为横杆式，可搭衣服，具体形态是：两侧有立柱，下有墩子木底座，两柱间有横梁，横梁长出两柱。

帽架是专门用来摆放帽子的架子。古代官员回府，首先需要宽衣脱帽，因帽子有帽翅或花翎，需要特制的支架摆放，故帽架是古代官员家中的必备家具。

黄花梨衣帽架

黄花梨龙纹盆架

◆ 盆架

盆架多足，且面心可以承托盆类容器。按照盆架承托的盆器不同可将其分为盆景架、火盆架、面盆架等。其中面盆架有高低之分。高面盆架多为六腿，两条后腿很高，做成立柱，上部横着一根搭脑，搭脑两端出头，上挑，雕刻花纹，中有花牌。搭脑之下常有挂牙护持，可搭面巾。低面盆架，三腿、四腿、六腿不等，分为整体和折叠两种，一般较为朴素，没有过多装饰。

盆架有圆形、四角、五角及六角等不同形状。圆形盆架和圆凳类似，略高，一般在 70 厘米左右，在板面正中挖出一个适合放置盆子的圆洞，用以坐盆。除了板面挖洞做法，还可用几根木条交叉的方法来坐盆。带角盆架有几个角就要有几条腿，圆形盆架则不受限制，四腿、五腿及六腿的都比较常见，多为高束腰，三弯腿，下带几条交叉的横枨，有的附霸王枨。

◆ 灯架

灯架分为挑杆式和屏座式两种。挑杆式用以挂灯，屏座式用以坐灯。其中屏座式灯架与插屏的座架类似，只是更窄一些。屏框的里口开出通槽，用一横木两头做榫镶入槽内，可以上下活动。屏框上部横梁正中打孔，孔内插入一圆形木杆，下端固定。圆杆上端安上圆形木牌，下端用四个托角牙支撑。木牌可以承托灯碗，外面再套上牛角灯罩。

明清两代照明灯架可细分为固定式、升降式和悬挂式三类。明代灯架主要为高型灯架固定圆杆式，一般是用“十”字形或三角形的木墩做成底盘，上面立灯杆，四面用站牙将灯杆底夹住，杆头上为平台承托灯罩，盘下有托角牙辅助立柱支撑平台。清代灯架主要为可升降式，灯架的底座为座屏式，灯杆下端有“丁”字形横木，两端出榫并置于底座立柱内侧的直槽中，灯杆可以顺直槽上下滑动，并设置木楔来固定灯杆。还有设计更为巧妙的升降式灯架，将灯柱插于可升降的“冉”字形座架中间，通过机械作用调节灯台高度，光照能适合不同需要，美观实用。悬挂式灯架多为挑杆式，由挑杆和底座组成，底座正中安插立柱，有站牙抵夹，灯杆插入木柱圆孔中，上端常有做成龙凤形状的铜质拐角镶套，下端钉有挂灯笼的吊环。

黄花梨雕龙纹灯架

明末清初　黄花梨雕螭龙纹镜台

◆ 梳妆台

中国古代没有梳妆台这一独立的家具，梳妆台是梳妆匣和镜台的组合。

梳妆匣就是一个小方匣，正对面为两扇门，内有抽屉，上面板分为两块，用合页连接，一边镶一面镜子，能够翻转支在梳妆匣上。梳妆匣有多种款式，但大同小异。

镜台在清代中期很常见。镜台小巧玲珑，一般放在桌案上使用。镜台台面下有很多小抽屉，面上装围子，大多数还会在台面后部装一组小屏风，屏前有“镜支”，为活动支架，能够挂镜。也有的镜台不装屏风和围子，而是在台面上安一个箱盖。打开盖子，支起镜架，即可使用。明清镜台材质精良，雕龙画凤，精雕细刻，工艺精湛，非常美观。

清中期　黄花梨五屏式镜台

勿忘节俭屏

明太祖朱元璋是开国皇帝，他励精图治、勤俭节约，曾专门制作了一面“勿忘节俭屏”，时刻鞭策自己。这面屏风的名称和一首诗有关。唐朝诗人李山甫有一首诗名为《上元怀古》，朱元璋读后感触很深，就命人将其抄在寝宫的屏风之上，以便朝夕吟咏，提醒自己力戒奢侈。朱元璋从自身做起，吃穿用度，极为节俭，对宫殿的建设，也只要求牢固，不追求华丽。在他的带动下，宫中风气一新。

屏具

屏具主要指屏风，它是一种经典的传统家具，历史非常悠久。屏风一般被放置在厅堂内的显著位置，其主要功能是分隔、美化、挡风、协调等。屏风与其他古典家具相互配合，相互辉映，浑然一体，成为家居装饰不可或缺的一部分，拥有一种祥和之美、宁静之美。

屏风的历史可追溯到三千年前的周朝，当时的屏风是天子的专用器具，代表了地位和权力。经过长时间的演变，屏风逐渐发展为防风、隔断、遮隐的家具，并且能很好地点缀环境和美化空间，所以经久不衰，流传至今，并衍生出多种形式。现在常见的屏风形式有围屏、座屏、挂屏、桌屏等。屏风既有实用性，又具观赏性，是极具民族传统特色的古典家具精品。

黄花梨浮雕花卉屏风

◆ 座屏

座屏就是带有底座的屏风，不能折叠。古代常在主座后设置座屏，衬托落座者的高贵身份。后来常在室内的入口处陈设座屏，尤其是空间较大的房间更适合这样陈设。座屏能遮掩住人的视线，避免室内空间被一览无遗。座屏分为多扇和独扇两种。多扇座屏呈“八”字形，屏扇有三扇、五扇、七扇及九扇式，扇之间用活榫相连，这种座屏适用于正厅靠后墙的地方。独扇座屏又叫插屏，就是把一扇屏风插在特制的底座上。插屏大小各异，大的可有 3 米，小的仅有 20 厘米。明代以前的插屏主要起挡风和遮蔽作用，清代以后增添了供人观赏的功能。

黄花梨嵌景泰蓝太平有象座屏

老黄花梨雕龙十二扇曲屏风

◆ 曲屏风

曲屏风也叫软屏风，是一种可折叠的屏风。它不需要底座，屏扇为双数，少则两扇、四扇，多则数十扇。曲屏风是活动型家具，可以随意折合，用时打开，用毕折收，便于储藏，轻巧灵便。曲屏风的屏心多是纸质或帛质，并绘制或刺绣风景、人物、花草等。框多为木质，也可用木框包锦。明清时期留存下来的多为木制或漆制屏风。

黄花梨嵌螺钿框挂屏

◆ 挂屏

挂屏出现于清初，主要用于欣赏，多悬挂在墙壁上，不具备实用性。挂屏常成对或成套使用，比如四扇屏或八扇屏等，也可以中间挂一中堂，两边各挂一扇对联。挂屏很受宫廷欢迎，皇帝和后妃们的寝宫内常可见到。名贵木材制作的挂屏更具艺术价值和保值功能。挂屏上常见构图疏朗、描绘细致的工笔画，板心为主画面，外镶板材，再置于边框内，俨然就是经过装裱的画作。

黄花梨雕文魁、武魁挂屏

制作工艺

前面介绍了各种各样的古典家具，那么这些家具是怎样被制作出来的呢？其实家具尽管造型各异，但工艺万变不离其宗，都可以融会贯通。下面我们将一一讲解。

设计构思

要制作出一件造型大方、结构合理、装饰精美的家具，首先要进行巧妙设计。明清家具之所以闻名遐迩，和设计者的超高艺术素养分不开。家具设计大体可以分为三方面：造型设计、工艺设计、装饰图案设计。造型设计需要优先考虑，它是家具设计的核心。家具怎样设计才能适应人体需求，让人们感到舒适？材料怎样利用才经济实惠？诸如此类的一系列问题，造型设计都要考虑。工艺设计要保证可实际操作性，通过合理地工艺设计，木工才能将图纸上的作品加工成家具实物。

清　黄花梨书匣

清　黄花梨官皮箱

造型设计与工艺设计相辅相成。装饰图案设计与造型设计交相辉映，装饰图案设计不能脱离整体家具，设计的简繁都要和家具整体和谐。总之，三部分内容缺一不可。

木材切割

根据图纸和不同木材的纹理样式，将木材切割成不同规格、不同尺寸的材料，开料时要避开有窟窿和空洞的地方，避开白皮，以确保开出的木料合乎要求。具体的操作方法是：先选出所需木材，然后对木材进行找方，将木材的边线和所需厚度用墨斗描画出来，然后刨平不整齐的边材。要注意把木材的边料和白皮去掉，再切割成所需厚度的板材。人工切割木材时，两个人要有默契，掌握力度和方向，否则，一旦锯路偏斜，就会造成浪费。特别是红木类木材价格昂贵，因此务必小心谨慎。

黄花梨首饰盒

干燥

新鲜木材含水量较大，开料后不能立即使用，否则成品容易变形。我们需要先令其干燥，让木材本身的含水量接近使用地的木材年平均含水量，例如北京是11.4%，石家庄是11.8%。干燥的木材，性质稳定、强度增强且不易腐烂。

黄花梨直后背雕鹰石图交椅

要令木材干燥需要经过自然干燥和人工干燥两个程序。自然干燥又叫气干，具体方法是：开料完成后，先将木料放进气干棚，木料之间留约2厘米的间隙，十字架般垛起来，这样木材既便于通风，又不致变形。自然干燥时，要特别注意，不能令阳光直接曝晒木材，否则会导致木材开裂、变色。

黄花梨方桌

清早期　黄花梨浮雕夔龙纹官皮箱

黄花梨嵌大理石四出头官帽椅

自然干燥大概需要一个月到半年的时间，才能将木材内的大部分水分蒸发掉。但这种木材仍未达到要求，还需进行人工干燥。此步骤就是在专用的设备内，人工创造木材干燥需要的条件，使木材排出水分。人工干燥法有很多种，热风蒸汽干燥法是现在最常用的一种。利用循环风机的控制系统、输运系统，将高温热风输送到干燥室内，令木材干燥。在进行热风蒸汽干燥时，为防止板材变形，可以在板材之间摆放一层通风条。人工干燥完成后，要检查木材的干燥程度是否符合标准。可以通过声音判断，若声音非常清脆，说明木材已经干燥；有经验者也可用目测的方法检测，通常不同木材的干燥标准有一定差异；还可以用水分仪表来检测。相同的木材在不同地区的不同月份，其干燥度也不相同，需要精心把握。这三种检测方法可以配合使用。

下料

下料是制作好古典家具的一个重要步骤，也为后面的加工打下了基础。下料就是将木材切割成制作时所需要的尺寸。下料时应遵循先大后小、先长后短的原则，这样才能最大限度地利用木料。特别是对海南黄花梨等名贵硬木，一定要做到精打细算，能用小料的地方就不用大料。配料是下料中的关键一步，要合理搭配木料的颜色和纹理，要保证一件家具的花纹排列有序，颜色要大体一致。特别是衣柜、椅子等成对的产品，花纹对称，看起来才和谐，注意这些细节，才能做出令人赏心悦目的家具。

黄花梨木方桌

黄花梨托盘

下料时，首先要用圆盘锯粗略地切割板材，若是粗料表面不平，要用刨平机刨平。然后切出细料，这一步要将每块板材都用压刨机压成所需的精确厚度。如果检测到哪块板材表面仍不平，还要用刨平机刨平。每一块直板必须保证其表面平直，若不平直可使用液化气喷枪人为将其变直，若还是不合标准，可用卡子卡住，强制其变直。如果所制作的家具需要弯料，可以用弯料机对板材进行加工。

三分下料七分做

制作家具，下料是重要一环，不能只求制作工艺，而忽视下料。下料中配料是关键，占三分。要按着木料的变异性，把家具的桌面板和门面板，以及腿枨的木纹观测好，科学配料。并有口诀：先配长料和短料，框腿面料搭配好。长料多选一二根，好面朝前纹要顺。拼缝搭配要规范，径弦切板看端面。板面调整看纹路，心边中材防边弯。同材木纹相对称，软硬木料搭配用。

黄花梨卡子花栏杆架格

下料后，要为家具组装做好准备，即尺寸要合乎要求，面板要拼接好，纹理要和谐、美观，拼接的凹凸缝要严紧、整齐。面板拼接完成后，可利用砂带机将拼接处磨平。这一步不可忽略，前后左右都要兼顾，可不时拉动面板，力求修得完美。

明末　黄花梨带屉板几

花梨木雕博古纹插屏

清　黄花梨人物花鸟神龛

家具装饰

古典家具完全是素面的很少，一般都会在望板、边框、牙板上雕刻出人们喜闻乐见的装饰图案。

根据望板、侧花板及牙子的尺寸画好图纸，再用乳胶将图纸粘在板上。注意一定要粘贴平整，然后将其晾干。接着就可以根据图纸，剔除多余的部分，这就是起底或镂空。以前，起底都是用铲刀一点一点地铲掉多余木材，既费时又费力，现在是用机动立铣刀将其铣掉，效率极高。镂空时，先将需要雕刻的木材固定在工作台上，要保证图案清晰，有不清晰的地方，要再次用铅笔描绘，防止出现误差。镂空要掌握力度，只有恰到好处才能将图案雕刻得精美。

清　黄花梨框青花砚屏

起底或镂空是雕刻图案的雏形，此时的花纹还很粗糙，需要继续进行雕琢。雕工师傅们用圆弧形的凿子凿去多余的部分，凿出图案的大概形象，这个步骤叫凿活。凿活要求工匠们有很高的悟性，不同的人，手法不同，凿出的图案风格也不同。即使同一块木板，同一种图案，不同的人也会凿出不同的效果。

凿活完成以后，花板已有模样，但仍粗糙，需要通过铲活进一步完善。铲活就是要把图案的立体感铲出来，使图案的形象更精确。铲活工具是平面形和圆弧形的铲刀，通过它们把花纹上的刀痕铲光、铲圆，把原来起的底刮平。两种铲刀各有用处，平面形铲刀用于修整平面，圆弧形铲刀用于勾勒曲线造型。

黄花梨炕柜

黄花梨木雕年年有余摆件

铲活完成以后，还要完善细节，只有处理妥当水纹、狮子毛、人物的开脸等，图案才会形神兼备。这一步工作要求木工师傅们具备高超的手艺，业内称之为细活。做细活要用到各种型号的三角刀。细活完成之后，图案就有了精气神，惟妙惟肖。

明　黄花梨夹头榫酒桌

组装

木工应按图纸要求，制造各种立掌、横掌、框、榫、卯，并试拼装。榫卯结构是榫与卯的结合，是木件之间的巧妙组合，它可以有效地限制木件扭动。古典家具中一般很难见到铁钉，多采用精巧准确的榫卯结构将各部件紧密地连接在一起，整个家具通过榫卯结构做到合理连接。这一独特的工艺创造，为古典家具增色不少，极大地提升了其艺术价值。

制作榫头和卯眼时要根据图纸要求仔细制作，不能出现差错。扣合要严谨，不留一丝空隙。榫卯接合要讲究交圈，不同构件之间的线脚和平面要相接得天衣无缝，浑然一体。

清　黄花梨方桌

清　黄花梨带底座圆角柜

明　黄花梨屏风

家具完全组装好以后，还要进行一步刮活，用刮刀将图案削去很薄的一层，这样就更为逼真。大的平面要刮平，棱角该圆的要圆，该平的要平，要手感光滑，不能有凹凸不平之感，有缺陷的地方要填平补齐，做到尽善尽美。

明末清初　黄花梨四撞提盒

黄花梨弥勒送财摆件

打磨

家具彻底组装完毕后，还需精心打磨。用 180 号砂纸将所有刀痕、飞边、立茬打磨干净，不留死角。随后，还要换 240 号、320 号、400 号、600 号砂纸分别打磨一遍，达到细腻、光滑的效果。

明末　黄花梨草纹展腿式带霸王枨半桌

家具做旧手段

将新做好的家具搁在室外的泥土地上，然后泼上淘米水和茶叶水日晒雨淋，两三个月里反复几次，家具就会显出一种历经风雨的旧气。为了使家具看起来像用过几十年的，作伪者通常在表面用钢丝球擦出痕迹，上漆后再用茶杯烫出印迹，用刀划几道印子。为了做出包浆，有些作伪者常用漆蜡色作假，甚至使用皮鞋油。自然形成的包浆，摸上去温润如玉；而新做的包浆，黏涩阻手，并且有一股怪味。

上油

上油是最后一道工序，通常使用核桃油涂上薄薄一层来封住木鬃眼，避免其过分伸缩，且保持木材的鲜艳色彩。最后抹上薄薄的一层高级地板蜡或蜂蜡，就彻底完成了家具制作。

黄花梨瑞兽纹四出头官帽椅

家具保养

硬木内含水，空气如果过于干燥，家具就会收缩；如果过于潮湿，家具就会膨胀。一般硬木家具在制造时设有升缩层，但是还应注意摆放，不要将其放在湿度过低或过高的地方，应远离空调、暖气和火炉等处，也应远离潮湿的地下室等地方，以免产生干裂或霉变。还要避免阳光直接照射家具，否则会导致干燥和褪色。地势较低的居室，地面比较潮湿，应将家具腿部适当垫高，以免被腐蚀。

清初　黄花梨多抽屉提梁药箱

黄花梨独板架几案

家具一般体积较大，搬运或移动时应轻搬轻放，以免损伤家具的榫卯结构。桌椅类不能抬面，以免脱落，应该从桌子两帮和椅子面下手；抬柜子最好卸下柜门，既可以省些力气，也可避免柜门活动。对于沉重家具，可用软绳索套入家具底盘再搬运。

海南黄花梨家具上长期放置过于沉重的物品，例如电视、鱼缸等，会使家具变形。桌面上不要铺塑料布之类不透气的材料。如果房间内地板不平，久而久之，家具也会变形，为此，可用小木片垫平。

明　黄花梨镜箱

道光　黄花梨狮子戏球印盒

黄花梨药箱

不要用湿抹布或粗糙抹布揩拭家具，特别是老家具上的灰尘，用干净柔软的纯棉擦拭即可。同时为防止黄花梨家具太过干涩，可以隔一段时间用棉布蘸取少许家具蜡或核桃油，顺着木纹来回轻轻擦拭。

家具表面应避免直接接触尖锐硬物，以免损伤漆面和木头表面纹理。若要在家具表面放置瓷器、铜器等装饰物品，应小心谨慎，最好能垫一块软布。

热水容器最好不要直接放置在家具表面，这容易留下难以去除的痕迹，更要避免洒上有颜色的液体。

黄花梨顶竖柜

花梨

第四章

独具慧眼——黄花梨的鉴别

黄花梨碗

黄花梨雕灵芝屏风

真假鉴定

海南黄花梨质地细腻，香气持久，纹理清晰流畅，颜色丰富，优雅美观。由于海南黄花梨市场假货充斥，选购者需要从以下几个方面了解其鉴别要点。

黄花梨木雕龙翘头案

质地

区分海南黄花梨跟越南黄花梨，看材质是关键。大多数情况下，海南黄花梨材质表面容易打磨出荧光，扫蜡后的木质犹如半透明的琥珀，温润细滑、手感极佳。少部分海南黄花梨是根料或杆料，打磨不上蜡，但更具观赏价值。打磨后的海南黄花梨，表面毛孔微乎其微，非常致密，反光感很强，这一方面胜过越南黄花梨。

黄花梨嵌石宝座

很多人用是否可以沉水来鉴定海南黄花梨，这不科学。多数海南黄花梨能稍稍浮出水面，仅有少数重料或成品入水即沉。分布在不同区域的海南黄花梨，其材质密度不同。比如生长在海南东部的黄花梨，生长较快，材质相对疏松，不能沉水；而出产于海南西部的海南黄花梨，材质细密，大部分可以沉水。

明　黄花梨官帽椅

黄花梨鼎

味道

海南黄花梨散发香味，清新淡雅，非常好闻，这种味道只可意会，不可言传。许多爱好者最初都是通过图文资料了解海南黄花梨，并没有过多地接触实物，因此有时会走入误区，只要闻到木料清香，就判断是海南黄花梨。黄花梨确实是具有降香黄檀的香味，但是大家接触到的海南黄花梨有很多已经“变味”，有些商家也会刻意制作出黄花梨的香味，因此爱好者不能一味地相信味道。而且越南黄花梨也有“降香味”，只是香味刺鼻，略带辛辣，不如海南黄花梨清香，需要仔细区分。

黄花梨木雕龙纹翘头案

黄花梨双虎雕件

清早期　黄花梨天平架

海南黄花梨香味自然，会随着时间的流逝而变淡，并不像沉香香味浓郁而持久。只有新切开的黄花梨或封严的黄花梨杯子、罐子才散发香味，一旦接触到空气，香味就慢慢淡去，只有刮开新的表面才能再次闻到那种香味。因此，新玩家应走出这样的误区，不要因为买回来的藏品闻不到香味了就开始怀疑它是赝品。另外，海南黄花梨在雨天或潮湿的天气，老料也会散发出悠悠降香。这种老料做出来的工艺品，哪怕是上蜡也难封住它的醇香，这是千百年沉淀的结果，可遇而不可求。

纹理

海南黄花梨质地坚硬，纹理华美，若隐若现，变化多端，有麦穗纹、蟹爪纹、流水纹、虎皮纹等。尤其是鬼脸纹，千奇百怪、生趣盎然，让人产生无数联想。但如果仅仅以有无“鬼脸”来判断是否为黄花梨就陷入了误区，因为不是所有的黄花梨都有鬼脸纹，即使有鬼脸纹，从纵切面看也不明显。越南黄花梨也有鬼脸纹，但纹理松散，杂色较多。还有一种草花梨木，也有鬼脸纹，但木质粗疏，棕眼较大，干涩无光泽，观赏效果远远不及黄花梨。除了“鬼脸”，还有“鬼眼”，图案像眼睛，比“鬼脸”小，这是生长过程中向外冒新芽的树疙瘩，往往成排出现，非常密集。

黄花梨手串

虎皮纹海南黄花梨手串

海南黄花梨的花纹粗细不一，但清晰，不凌乱，呈流线、弯曲或直线状；大多数为黑色花纹，偶尔也能见到深褐色或红线花纹。细花纹与材质颜色往往色差不大，花纹越粗，跟材质颜色的色差就越明显。黄花梨还有褶皱纹，非常美观，更漂亮的是黄花梨瘿木花纹。目前市场上能看到的黄花梨瘿木绝大部分都是越南黄花梨，越南黄花梨的价值虽然不能和海南黄花梨相媲美，但品相佳的也可卖出高价。

黄花梨佛珠手串

海南黄花梨佛珠手串

需要注意的是，并不是所有的海南黄花梨都有漂亮花纹，用老料的边角料制作的工艺品要么没有花纹，要么花纹细而浅、粗而淡，但价值惊人。海南黄花梨的收藏新手光靠花纹来判断黄花梨真假并不科学，应全面鉴别。

黄花梨木雕螭花台

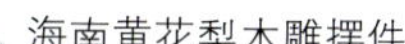

海南黄花梨木雕摆件

颜色

海南黄花梨心材和边材的颜色不同，心材颜色深浅不一，主要有浅黄色、金黄色、红褐色、深褐色等，常带有黑褐色条纹；边材则呈灰褐色或浅黄褐色。削一些木屑放在水中，水面会飘浮一层像机油一样的油，发出幽蓝的光。

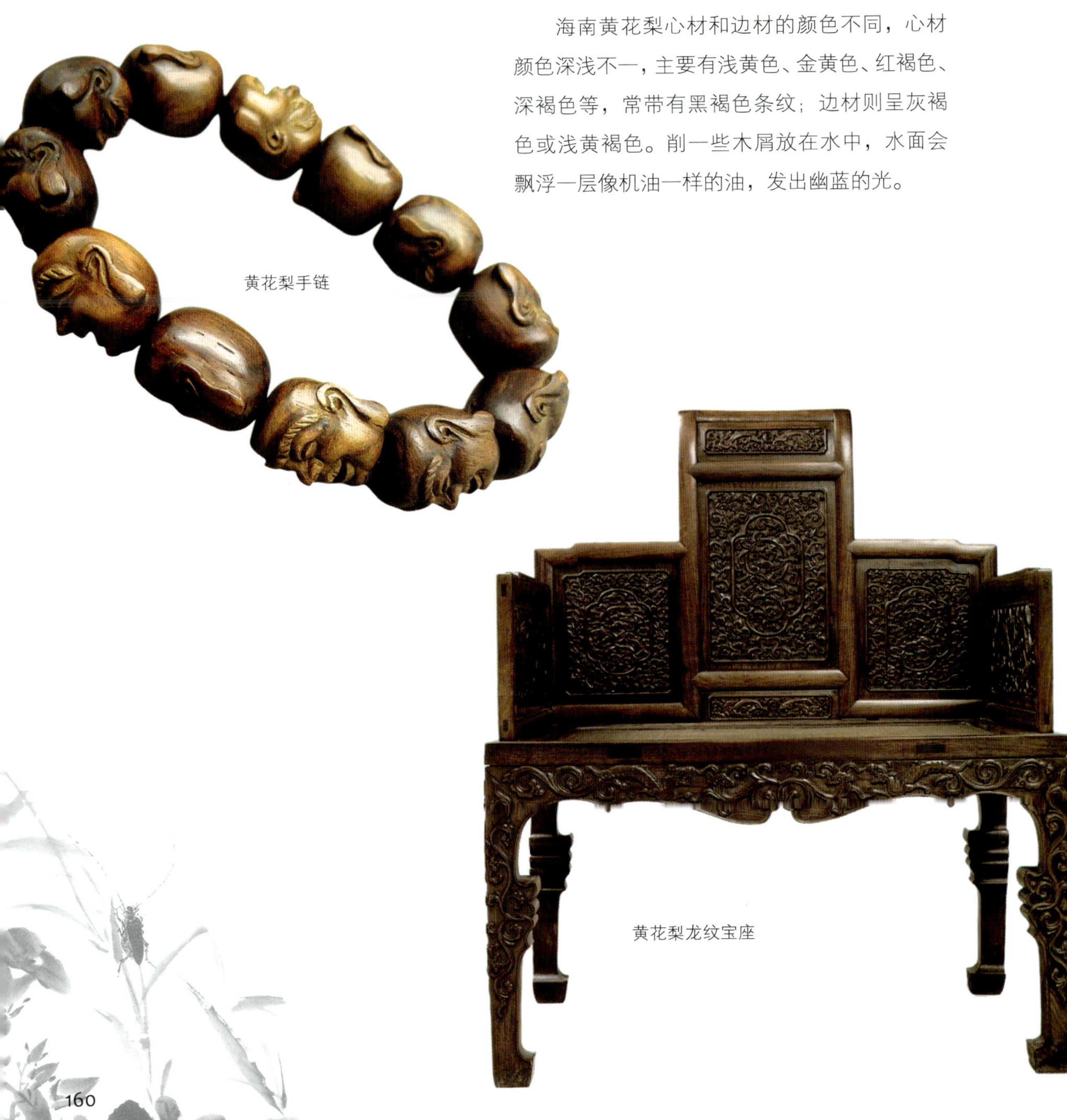

黄花梨手链

黄花梨龙纹宝座

黄花梨根瘤笔筒

黄花梨供桌

越南黄花梨的辨别

越南黄花梨产于越南与老挝边界长山山脉东西两侧海拔 400~800 米的陡峭崖壁。1~4 月落叶，5~12 月长叶，9~10 月开花，花有红、黄两种颜色。不同花色的树，其木材颜色也不相同，往往开红花的树，木材为红褐色；开黄花的树，木材为浅黄色。

越南黄花梨茶壶

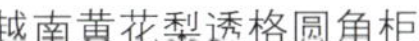

越南黄花梨透格圆角柜

海南黄花梨立柜

越南黄花梨心材与边材颜色有很大差异，其心材多为浅黄色、红褐色、深褐色，最常见的是浅黄色，一部分为深褐色，夹带有紫药水色。大部分越南黄花梨在新切开的时候带有浓重的酸香味，木材上有很多粗细不一的纹理，但纹理颜色与木材自身的颜色较为接近，因此不太清晰。同样具有鬼脸纹，但较为松散，杂色多，不美观。摸起来油性较差，有些干涩滞手。

海南黄花梨与草花梨

草花梨家具出现于晚清至民国时期，当时黄花梨木材基本绝迹，草花梨因此作为补充而进入市场。但是，草花梨是档次较低的硬木，木质粗疏，棕眼大，颜色土黄无光泽，收藏价值不高。

越南黄花梨果盒

海南黄花梨与越南黄花梨木材有许多相似之处，鉴别起来有一定难度，需要多接触实物，多摸，多看，积累丰富的经验，才能更好地鉴别。下面主要从以下几个方面介绍二者的区别。

鬼脸

“鬼脸”是海南黄花梨木材的重要特征，它变化多端，非常奇特。越南黄花梨的“鬼脸”要差一些。海南黄花梨的纹理中心

清　海南黄花梨嵌八宝插屏

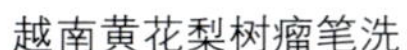

越南黄花梨树瘤笔洗

是实的，基本为一个实心黑点，也就是我们常说的“鬼眼”。越南黄花梨的纹理中心则是空的，其纹理比海南黄花梨纹理更有规律，一圈一圈，但都不到中心点。海南黄花梨因生长环境恶劣，生长缓慢，树木纹理往往扭曲、交错，没有规则，易形成“鬼眼”；而越南黄花梨生长期短，纹理一般较有规律，很难形成“鬼眼”。

越南黄花梨竹节椅

纹理

海南黄花梨纹理清晰流畅，生动活泼，美观耐看，纹理虽没有规律，但粗细较为一致，并不凌乱，给人一种流动的美感。越南黄花梨纹理更粗一些，通常不够清晰，混浊模糊，宽窄不一，时断时续，有时会有类似墨水不均匀渗透留下的痕迹，有时会发生急剧变化，不够雅致，较为粗犷。

越南黄花梨手串

黄花梨云纹束腰禅凳

味道

海南黄花梨木本身是中药，味道较为清香，沁人心脾；而越南黄花梨的味道略带辛辣，稍稍有一些刺鼻。但是，仅从味道来辨别有些困难。因为放置时间久了，味道会发生变化，而且同一品种因产地不同，其味道也存在差异。

越南黄花梨圆角柜

越南黄花梨笔筒

手感

海南黄花梨表面细腻光滑，手感极佳，而越南黄花梨比较粗糙，手感一般。相关资料表明，海南黄花梨的含油（降香油）量很高，为越南黄花梨所不能及。将海南黄花梨和越南黄花梨都锯开，十天以后，海南黄花梨的料口会有一层灰黑色的油状物，而越南黄花梨没有。

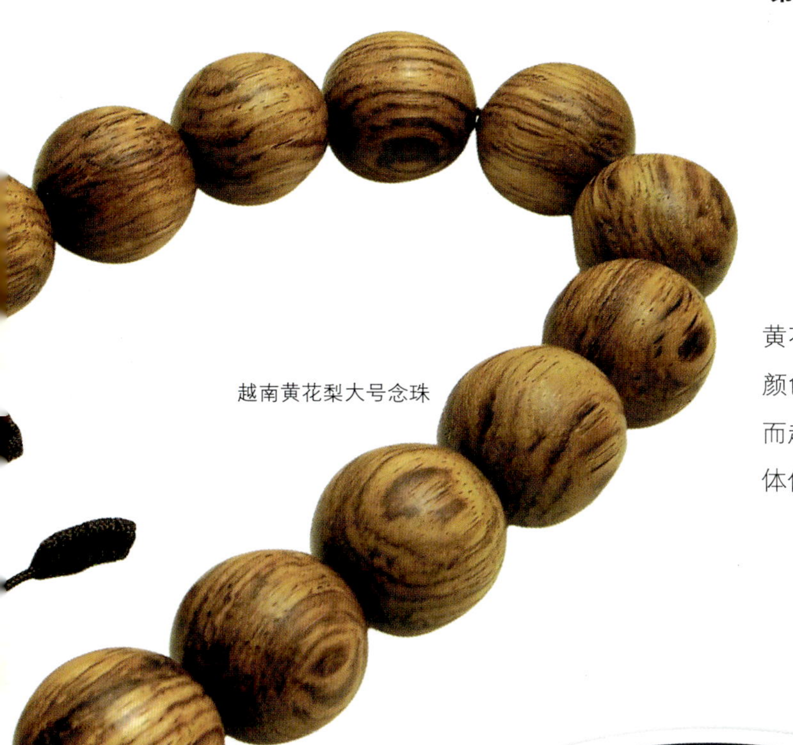

越南黄花梨大号念珠

颜色

海南黄花梨颜色深些，越南黄花梨颜色浅些。海南黄花梨的颜色更沉稳，整体偏于暗红色；而越南黄花梨的颜色较活泼，整体偏于亮橙色。

海南黄花梨佛珠手串

划痕

海南黄花梨比越南黄花梨硬度大，宜于雕琢。在海南黄花梨木料上用指甲大力划，一般不会产生痕迹，而越南黄花梨会产生压痕，除非是根料。

心材

海南黄花梨生长缓慢，树材较细小，而越南黄花梨树材较粗大。市场上能见到的最大海南黄花梨，直径为30多厘米；而越南黄花梨一般心材的直径就能达到20～40厘米。

新海南黄花梨主要为人工种植、培育，养分充足，生长周期长，木材有分量，和老材相当。只是木纹比较生硬，黑线过多。当然，市场上偶尔也会出现纹理漂亮的新海南黄花梨木。

越南黄花梨电视柜

紫檀柳的辨别

紫檀柳产自越南南部，心材色深红至紫红，边材为白色至乳白色，木纹较多，棕眼不明显，具有荧光效果，个别木料也会出现类似“鬼脸”的花纹或水波纹。与海南黄花梨非常相似，市场上常用来冒充海南黄花梨。紫檀柳虽有紫檀二字，但和紫檀没有任何关系，更不属于红木范畴。

紫檀柳“鬼脸”花纹手串

黄花梨茶壶桶

辨别方法可参考以下方法。

第一，闻气味。紫檀柳没有香味；海南黄花梨有降香味。

第二，看棕眼。紫檀柳的棕眼很小，甚至没有棕眼；海南黄花梨的棕眼稍微大些。

第三，看裂纹。由于紫檀柳的油性不足，木性不稳，时间长了原料表面就会出现很多风干的浅裂纹；海南黄花梨的油性很足，木性稳定，所以表面不会出现风干的浅裂纹。

第四，看颜色。紫檀柳颜色深沉混浊且偏冷色调，色泽分布散乱；海南黄花梨的木材色底干净，清澈明亮，十分稳定。

第五，看纹路。紫檀柳纹理多而杂乱，比较僵硬，分布不均匀，且不清晰，缺乏层次感；海南黄花梨的纹理非常丰富，变化无穷，富有动感，无论如何变化总是清晰分明。

清初　黄花梨状元箱

黄花梨围棋罐

第五章

寸木寸金——黄花梨品评与行情

海南黄花梨家具的品评

海南黄花梨非同一般的特性，使其成为制作家具最为优良的木材之一。海南黄花梨不易开裂、不易变形、易于加工和雕刻、纹理流畅而富于变化、气味清香，用它制作的家具给中国古典家具增添了浓墨重彩的一笔。

清中期　黄花梨圆桌及圈椅一套

黄花梨蟋蟀箱

明代是中国家具艺术发展的黄金时期，家具的形式与功能日趋完美统一。明代黄花梨家具线条流畅，材质讲究，简约雅致，是中国家具艺术发展的巅峰。而清康熙、雍正、乾隆三朝的家具，和明代相比，更重装饰作用，精雕细刻，颇为华丽。清式家具与明式家具共同构成了中国古典家具的整体风貌。今天我们常说的中国古典家具，实际是指中国明清时期的家具。元代之前的家具多用杂木制成，不易保存，很少遗留下来。海南黄花梨家具的工艺、造型、用材都令人叹为观止，在古典家具大家庭中熠熠生辉。

明末清初　黄花梨嵌纹石面官皮箱

稳定的木性

黄花梨的木性非常稳定，遇到干湿、冷热变化，抽胀不大，不易变形，工匠师们可以在黄花梨上精雕细刻，尽情发挥。在进行木材加工时，如果刨刃很薄，会使黄花梨木出现长长的刨花，就像弹簧一样。黄花梨木制成的家具如果没有遭到外力破坏，很少出现干裂现象，因此，明朝家具中的案、几等，常用整块素面木材。

黄花梨镜匣

黄花梨镜台

古朴的装饰

海南黄花梨木在明代家具中运用十分广泛。明代黄花梨家具的整体气质是雅致、简洁，工匠们常用光素手法制作黄花梨家具，不加雕饰，或者雕饰极少，这样就凸显出了木材本身的特点，便于人们欣赏木材纹理、色泽的自然美。黄花梨家具一般以原色示人，表面不刮腻子、不上漆，经打磨、上蜡，成品圆润，富有光泽，显得自然而高贵。

清早期　黄花梨雕卷草纹花几

黄花梨长方几

明代黄花梨家具并非都不修饰，有时也会运用雕、镂、嵌、描等装饰手法，有时还会镶嵌珐琅、螺钿、竹、牙、玉石等装饰用材。但是，装饰不求多、不堆砌、不刻意，恰如其分。

优雅的气质

黄花梨家具材质温润细腻，纹理行云流水，色泽柔和内敛，气味清新淡雅，不重外在的雕琢与装饰，而讲究内涵的自然表露，既向我们展示其高贵典雅的气质，又让我们领略其温文尔雅的品行。

明末清初时黄花梨家具非常流行，有很多品种都遗留了下来。比如苏式黄花梨家具名声很大，当时居住在苏州的许多文人纷纷参与家具的设计制作，与能工巧匠共同钻研、总结，将其审美观念融入家具艺术，为明代家具增添了“雅致”的品行。

黄花梨有束腰马蹄腿霸王枨嵌瘿木面画桌

严谨的结构

家具造型注重严格的比例关系。明式黄花梨家具的造型以及各部比例尺寸与人体各部位的结构特征基本适应，合理、协调、舒适，其部件线条挺拔秀丽、刚柔相济、简洁朴素、典雅大方。

总体结构上采用具有科学性、装饰性、工艺性的榫卯结构进行连接，框架结构非常严谨，没有哪一个零部件是多余的，整体轮廓简练、舒展、优雅。黄花梨家具的结构部件包括束腰、托泥、马蹄、牙板、矮老、罗锅枨、霸王枨、三弯腿等，独具特色。

黄花梨套几

市场行情

海南黄花梨价格昂贵，那么，海南黄花梨制品又值多少钱呢？下面我们来介绍一下。

2004 年秋季艺术品拍卖会上，北京翰海拍卖有限公司的清初黄花梨雕云龙纹四件柜拍到了 1100 万元人民币，可谓天价，创下了当时国内古典家具拍卖的最高价成交纪录。2010 年上海举办了闻名遐迩的世博会，海南馆的镇馆之宝便是明式黄花梨家具。这套仿古家具高贵雅致、庄重大方、美观耐看，单件价格超过 50 万元人民币。

黄花梨轿箱

2010 年 6 月，海南省博物馆展出了两件黄花梨珍品，分别是清代探花张岳松亲笔题字的匾额和一个用独板制作的明式官椅。有人出价 450 万元购买这两件珍品，但被藏家断然拒绝。

海南黄花梨木料资源在清朝之前就基本伐尽，再加上其生长速度极为缓慢，因此非常珍稀。现在市场上几乎没有用大材制作的黄花梨家具。由于海南黄花梨树稀少，国家早已将其列为保护植物，在 20 世纪初就已禁止非法采伐，只有小根的木材可以作为药材经营。

黄花梨文具箱

黄花梨状元箱

20 世纪 80 年代初，人们的收藏意识、文化意识越来越强，开始更多地追求精神生活的享受，海南黄花梨的收藏形势一片大好，人们更加看重这种资源的珍稀性和保值性。

清　黄花梨箱

黄花梨嵌博古官箱

海南黄花梨生长环境恶劣，生长周期漫长，材质坚韧，不易开裂，不易变形，不易腐烂，且花纹旖旎，蕴含坚忍不拔的气节，深受人们喜爱也就不足为怪了。

近些年来，中国仿古家具逐渐流行，摆设古典家具已经成为一种时尚，仿古家具商纷纷到海南搜罗旧料和小料，导致原料越来越紧俏。其实海南黄花梨早已采伐殆尽，旧料也难得一见，只剩下一些小料，因此，海南黄花梨确实是寸木寸金。

越南黄花梨虽然远不如海南黄花梨名贵，但如果使用得当，做工精美，依然可以制作出令人赏心悦目的家具。中国古典家具之所以魅力无穷，不仅仅是因为木材名贵，更重要的是它承载着中华几千年的木工文化。无论木材名贵与否，只要恰到好处地应用，都可以将中国古代家具文化发扬光大。

黄花梨首饰箱

总 策 划

王丙杰　贾振明

责任编辑

张杰楠

排版制作

腾飞文化

编 委 会（排序不分先后）

林婧琪　邹岚阳　吕陌涵

向文天　默　梵　夏弦月

潇诺尔　玉艺婷　佳　怡

责任校对

姜菡筱　宣　慧

版式设计

叶宇轩

图片提供

黄　勇　贾　辉　李宇航　张　敏

http://www.huitu.com

http://www.microfotos.com